武井寛太〈編〉

歴史総合・日本史探究・世界史探究の授業を実践するためのヒント

ジグソー法による指導と評価の一

山川出版社

はじめに

　本書は、学習科学者の三宅なほみが開発した知識構成型ジグソー法（Knowledge Construction Jigsaw method、以下KCJ）に着目して、これからの歴史教育における授業改善のあり方を示すことを目的としています。KCJは、生徒の対話の力を引き出して、資料を活用しながら概念的に理解するとともに、生徒が学び方を知る環境を整える授業手法です。まさに、歴史総合や日本史探究、世界史探究の趣旨を具体化するうえでヒントになる授業手法といえましょう。

　しかしながら、本書はKCJによる授業手法をたんに紹介するだけの実践集ではありません。まずは、KCJを指導と評価を一体化するための有効なツールと位置づけ、生徒の学びの事実をもとに授業改善のPDCAサイクルを回して、授業者が授業の改善点を見出すことを意図しています。主体的・対話的で深い学びをうながすための改善点を見出せれば、生徒一人ひとりに適した授業のコツの体得にきっとつながっていくでしょう。では、主体的・対話的で深い学びを実現する歴史授業や指導と評価を一体化するための授業改善は、実際どのようにおこなえばよいのでしょうか。そのプロセスをできるだけわかりやすく丁寧に紹介することが、本書の目的ということになります。

　本書は、以下のような構成をとっています。まず、〈理論編①武井〉では、これから求められる歴史授業の考え方を紹介します。つぎに、実践編では、KCJという手法を適宜用いて、それぞれの目標論をふまえた単元・授業の開発と、実際の授業でどのように指導と評価を一体化してきたのかを、できるだけ具体的に紹介します。その際、実践例ごとに、生徒の学びの事実から見出された「私が導き出した「授業のコツ」」を示すことに気を配りました。「私が導き出した「授業のコツ」」は、あくまでおのおのの学校の実情にそくしたものですから、必ずしも普遍性のあるものではありませんが、様々なケースに応用しやすいように特徴が異なる学校の先生方に執筆者としてご参加いただきました。そして、〈理論編②小原〉では、「山川＆二宮ICTライブラリ」で公開されているジグソー法の授業プリントを中心として、KCJによる歴史授業を分類・分析し、これまでにみられなかったKCJの歴史授業を提案します。おわりの〈理論編③武井〉では、KCJによる歴史授業をおこなうには、どのように教材をつくり、どうやって授業を進めていくのか、授業改善につながる「ヒント」を示します。

　読者のみなさまが本書から「コツ」や「ヒント」を得て、授業の質的向上につなげていただくことを執筆者一同願っております。

武井寛太

目　次

本書で扱われている授業プリントは、
右のリンク先からご覧いただけます。　https://ywl.jp/c/95g

これから求められる歴史授業

武井寛太（埼玉県立与野高等学校教諭）

1　「公民としての資質・能力」の育成をめざして

　令和4年度から新しい高等学校学習指導要領が実施され、歴史授業の目標は地理歴史科目に共通してつぎの通り掲げられた。

　　社会的事象の歴史的な見方・考え方を働かせ、課題を追究したり解決したりする活動を通して、広い視野に立ち、グローバル化する国際社会に主体的に生きる平和で民主的な国家及び社会の有為な形成者に必要な公民としての資質・能力を次のとおり育成することを目指す〔補注❶、下線は筆者による〕。

　ここで注目したいのは、下線部である。その内実は多様な定義づけが可能であるが、その具体的な内容は「知識及び技能」「思考力・判断力・表現力等」「学びに向かう力・人間性等」の3つの柱で示されており、入試問題や定期考査などのペーパー試験だけでは評価が難しい、多様で幅広い学力の育成が求められている。たとえば、「他国や他国の文化を尊重することの大切さについての自覚などを深める」といった目標を実現するためには生徒の学びをつぶさに評価して、目標が実現できているかを確認する視点がきわめて重要となるだろう。

　ここで大切なのは「評価」を「評定」のみにとらえないことである。評価は以下の3つに分類される。まず、生徒の学習前の知識や関心を把握する「診断的評価」、つぎに生徒の日々の学びを多様な方法で見とり、授業者の授業改善や生徒の学習改善につなげる「形成的評価」、そして単元や年間を通じて生徒の学力のゴール地点がどの程度であったかを示す「総括的評価」である。とくに「形成的評価」は観点別評価および「指導と評価の一体化」〔補注❷〕を実現するうえで重要である。評価は、その結果を生徒の具体的な学習改善につなげることによって意味があるものとなり、授業者の授業改善につなげていくことも求められる。

　改めて、これからの歴史教育では、生徒一人ひとりの「公民としての資質・能力」を育むための学習をめざし、生徒の学びの成立をうながすために評価を

おこない、学習や指導の改善に生かす「指導と評価の一体化」の実現をめざしたい。そのため、授業および定期考査・レポート・小テストで問うものには、入試対策以外の意味をもたせる必要がある。

乗り越えたい歴史授業	これからの歴史授業
入試対策のみを意識した歴史授業	「公民としての資質・能力」の育成をめざす歴史授業
評価＝評定のみととらえてしまう	学習のための「指導と評価の一体化」を実現する

2 「視点」としてのアクティブ・ラーニング

「公民としての資質・能力」を育もうとするとき、授業者が「何を教えたか」ではなく、生徒が「何ができるようになったか」を重視する必要がある。教えさえすれば「平和で民主的な国家及び社会の有為な形成者に必要な公民としての資質・能力」が身につくに違いない、と考えるべきではないからだ。

以前、異文化理解の視点をもたせるためにアフリカの無文字文化と文化の多様性に関する論説を生徒に読ませたことがあったが、対話的な学習の場面で「それでも僕はアフリカが劣っていると思う」と発話した生徒がいた。これは、読ませるだけでは授業者の期待する資質・能力が育まれるわけではないことを示す1つの事例であろう。そうならないために、学習の過程や成果を日々評価し、主体的・対話的で深い学びの視点、いわゆるアクティブ・ラーニングの視点によって授業改善をはかる「指導と評価の一体化」が不可欠となる。

「アクティブ・ラーニング」というと、しばしば「視点」ではなく「方法」とみなされ、その語感から「活動あって学びなし」のグループワークであると批判されることがある。しかし実際には、主体的・対話的で深い学びが実現したかを見とって授業を改善する「視点」である。この立場から授業の方法を考えると、講義一辺倒の授業は、生徒が「何ができるようになったか」を把握していない点に問題があることがわかるだろう。発問しながら講義を進める授業でも、生徒がそれをどのように思考し理解しているかを確認できる学習場面とセットでおこなわなければ、「深い学び」が実現できたかどうかを判断することはできない。

日々の授業で形成的評価をおこなうために、対話的な学習の時間を設けたり、生徒にアウトプットさせたりするなどして、そこからみえてきた生徒の学びの

事実をもとに「指導と評価の一体化」をおこなうことが重要である。先の無文字文化の授業例でいえば、生徒の学びの事実が見とれたからこそ、つぎのアプローチとして、「文化に優劣をつけてもよい」という認識が政治にもたらす影響を考察させる授業を展開するなどの授業改善につなげたい。

　以上のことから、「頭のなかがアクティブであればそれもアクティブ・ラーニング」という主張の何が問題であるかがわかるだろう。講義を中心にするにせよ、グループワークを多く設けるにせよ、生徒がどのように思考し理解しているかを見とることのできる多様な授業場面を用意し、生徒の認知を多方面から把握して、目の前の生徒にあわせた指導をおこなうことこそが、アクティブ・ラーニングの「視点」なのである。

乗り越えたい歴史授業	これからの歴史授業
講義一辺倒の授業（≒講義動画）	主体的・対話的で深い学びの「視点」をもつ授業
授業者が何を教えたかに終始する授業	生徒は何ができるようになったかを重視する授業

3　生徒の本来的な学び方

　アクティブ・ラーニングの視点から授業をおこなう場合でも、生徒を何も知らない未熟な存在とみなしてしまうと、講義しなければ知識を習得させられないのではないかと不安に思ったり、生徒の認知を把握する意義がみえにくかったりするかもしれない。対話的な学びに対しては、「知識なくして思考なし」のかけ声とともに、まずは知識を講義によって「習得」させてからでないと「活用」する学習はできないとする批判があいかわらず根強い。

　しかし、「習得→活用→探究」は学びの順序を示すものではないことが指摘されているように[補注❸]、「考える課題があるからこそ知識を習得しようとする」という本来的な学びの姿勢は否定されるものではない。「知識を習得してからでないと考えることはできない」という発想は、たとえるならゲームキャラクターの名前をすべて覚えてからでないとゲームを始められないといっているようなものである。実際には、ゲームを進めていく過程でキャラクターに関する知識を能動的に獲得していくわけで、歴史学習においても同じことがいえるのではないか。膨大な知識を習得してからでないと思考できないという学習観は、

生徒の目には暗記地獄にしか映らず、多くの歴史嫌いを生み出すだけだろう。むしろ本来的には、「考えるきっかけなくして知識の習得なし」のはずである。

　学習科学の知見では、未熟で受動的な学習者には知識を教え込まなければならないという教授主義から、学習者は周囲や社会と関わりながら主体的に知識を習得していくものだという構成主義の学習観への転換を授業者に求めている〔補注❹〕。構成主義の立場をとれば、理解のしかたや学び方は生徒ごとに多様であることを認めることになる。生徒はみずからの関心をふまえながら課題の解決にせまり、対話を通じて疑問を生成することで、自分のそれまでの知識に新しく得た知識を取り込んで、より深い理解へと到達していく。生徒の学び方は本来的に構成的なので、知識を教え込むだけの教授主義ではなく、生徒自身が主体的・対話的に深く学ぶ構成主義の授業観に刷新する必要があるだろう。

　さらに、18歳以上には選挙権が与えられており、民主主義を担う市民として現代的な諸課題の解決を視野に入れて考察し、その過程で知識を能動的に獲得しようとする態度は必要不可欠となる。本書の実践編では、現代的な諸課題と関連する学習課題に向きあい、資料から能動的に知識を習得し、対話のなかでその知識を活用しながら理解を深めていく様子を紹介している。

乗り越えたい歴史授業	これからの歴史授業
生徒は未熟で受動的だから教え込まなければ知識を習得できないという学習観（教授主義）にもとづく授業	生徒は周囲と関わりながら主体的に知識を習得・活用し、理解を深めていくという学習観（構成主義）にもとづく授業

4　授業観を「目標創出型」に刷新する

　構成主義の学習を実現するためには、学習形態や方法を形式的に取り入れるのではなく、授業者みずからが学びをどのようにとらえ、どのような教育目標をもっているかが鍵となる。学習科学者の白水始は、新しい学習目標を発見したり生み出したりする力が求められる21世紀のニーズに適応するために、正解を出して終わりになる「目標到達型」のアプローチから正解の先を問い続ける「目標創出型」のアプローチへの刷新を求めている〔補注❺〕。

　このアプローチは、学習形態の問題ではない。授業者が「目標到達型」と「目標創出型」のどちらでアプローチするかによって、発問のしかた、資料の選定、ゴールの設定、さらには授業者の声かけなどが異なってくる。

たとえば〈実践編4 大野〉では、「なぜAPECはゆる～い連携をめざしているのか」をメイン課題とする教材を開発している。このメイン課題を考えさせるために、APECがゆるやかな連携をめざす3つの理由を提示する教材であれば、それらを並列して終わる授業になるだろう（「目標到達型」）。しかしながら、〈実践編4 大野〉は、教育目標を定めたうえで、資料の選定と構成、さらには声かけに至るまで生徒の脱線や遠回りの余地を残した授業を展開し、生徒の疑問や関心を効果的に引き出している（「目標創出型」）。

　「目標創出型」のアプローチにおいては、生徒が見出した「つぎに学びたいこと」をふまえて、授業を柔軟に調整することが大切である。白水は、授業と評価においては、既存の教育目標を仮のゴールとして、子どもの「今できること」「わかること」を出発点に、それを引き出しながら目標をこえられるような、よりよい指導方法を教育現場がつねに模索し、子どもが目標をこえて学ぶ姿をみせれば、それにあわせて目標を高く設定し直すことを推奨している〔補注❻〕。〈実践編7 武井〉では、授業者の予想をこえて生徒が疑問や関心を見出した様子を見とり、次回の授業の導入や、授業で扱う学習課題を柔軟に変更した授業実践を紹介している。

　ここで注目したいのは、授業者が仮のゴールを設定する点である。構成主義的な学びを前提とする「目標創出型」のアプローチは、決して「何でもあり」で子ども任せの授業観を指すものではない。実践編では、授業者が「公民としての資質・能力」の育成を目標に掲げて授業を実践し、生徒の疑問や関心をふまえて単元計画を調整した「目標創出型」の授業実践を紹介している。

乗り越えたい歴史授業	これからの歴史授業
正解を出して終わりになる「目標到達型」のアプローチ	正解の先を問い続ける「目標創出型」のアプローチ

5　理解を深めるための対話的な学び

　学習科学は構成主義の学習観への刷新を要求するが、講義でわかりやすく教えないと「正しい知識が身につかない」と考える授業者は多い。しかし、授業者主導で授業を展開するとき、授業者の説明が生徒一人ひとりに正確に理解されるとは限らない〔補注❼〕。生徒が理解を深めるためには、講義や資料から得た新しい知識を、みずからの経験則や既有知識と結びつけ、それを科学的な知識へ

とつくりかえることが必要である（これを「概念変化」と呼ぶ[補注❽]）。

　生徒が日常のなかで身につけた認識やとらえ方は「素朴概念（経験則）」と呼ばれ、それはしばしば誤概念として生徒のなかに根強く定着している。素朴概念が科学的な知識へと概念変化するためには、対話的な学習が有効とされている。なぜ、概念変化に対話が重要なのか。それは、自分の考えを説明したり、他人の言葉を聞いたりすることで、自分の理解を吟味・修正する機会が生まれて考えが深まっていくからである。自分の考えを外に出して確認する「課題遂行」とほかの人の言葉や活動をみたり聞いたりすることで自分の考えをつくる「モニタリング」の２つの場面が、個人の内面でつぎつぎにおこって理解が深化する（気づきや表現できることの質が高くなる）ことを建設的相互作用という。授業では、建設的相互作用をとおして一人ひとりが理解を深める協調学習を引きおこしたい[補注❾]。〈実践編５佐藤〉では、「国風文化」という歴史用語が通俗的に理解されている状態を問題視し、素朴概念の変容をめざす授業を計画した。しかし、「日常生活の中で繰り返し確認され、それが確からしいという実感を得ている自分なりの理解はなかなか強固」[補注❿]なため、１回の授業だけではすべての生徒が「国風文化」の素朴概念を変容させるまでに至らなかったが、年間を通じて「日本文化とは何か」を繰り返し問い続け、生徒にも対話をうながすことによって、ねらいが達成されたことを報告している。

　生徒がもっている知識や考え方、理解のしかたは十人十色である。授業者が発問したり資料を読ませたりしながら展開する授業だと、一部の生徒にとっては自然な思考の流れになる一方で、それ以外の生徒にとっては不自然あるいは不十分な思考の流れになっている可能性がある。〈実践編２髙野〉では、発問や課題に答えられたとしても、さらには授業者主導で問いや資料との関連性を丁寧に説明できたとしても、理解に結びつかなかった事実を明らかにしている。生徒の理解のしかたは授業者が思っているよりも多様かつ複雑であるから、生徒おのおのの理解のしかたで仮のゴールへと到達するチャンスを増やすために、授業では対話的な時間をしっかり確保し、協調学習を引きおこしたい。

乗り越えたい歴史授業	これからの歴史授業
講義でわかりやすく教えようとするだけの授業	概念変化させるために対話的な時間を確保する授業

6　知識構成型ジグソー法のすすめ

　では、建設的相互作用をとおして協調学習を引き起こすためにはどんな授業をすればよいのだろうか。グループワークを取り入れてもまったく対話しない場面があったり、フリーライダーが生まれたり、何をもとに考えればよいかわからず時間だけが過ぎてしまったりする失敗例は少なくない。また、対話は盛んであるが「話しあうこと」が目的化され、対話と学習が結びついていない、活動あって学びのないグループワークもあとを絶たない。そこで本書では、深い学びの実現に向かう対話を効果的に引きおこしやすいグループワークの1つとして、学習科学者の三宅なほみが開発した知識構成型ジグソー法（Knowledge Construction Jigsaw method、以下KCJ）を提案する。

　三宅は、学習科学の研究や実践をもとに、協調学習がおきやすい学習環境の条件を4つにまとめている〔補注⓫〕。

　　①一人では十分な答えが出ない課題をみんなで解こうとしている。
　　②課題に対して一人ひとりは「違った考え」をもっていて、考えを出しあうことでよりよい答えをつくることができる期待感がある。
　　③考えを出しあってよりよい答えをつくる過程は、一筋縄ではいかない。
　　④答えは自分でつくる、また必要に応じていつでもつくり変えられる、のが当然だと思える。

　この4つの条件を整える授業手法がKCJである。以下では、KCJの授業展開とその意味について、4つの条件との関連性を示しながら紹介する。

　最初のステップでは、生徒が解きたいと思うメイン課題を提示し、その時点で生徒に意見・予想を記述させる。この活動は、条件①を満たすとともに、生徒はみずからの素朴概念を自覚できるため、その素朴概念を吟味・修正するきっかけを生み、理解の深化を目的とするKCJの重要な型となっている。

　つぎはエキスパート活動である。授業者は、メイン課題を考察するためのエキスパート資料を3つ用意する。生徒は、3人1組の小グループにわかれて、エキスパート資料のうちの1つをもとに考察する。わざわざ資料を3つにわける理由について、白水は「教室のなかに明示的に「違い」をつくりだすため」と説明している〔補注⓬〕。学びのプロセスは一人ひとり異なっているはずなのに、

生徒は 1 つの資料から得られる知識やその理解のしかたはみな一様であると思い込んでいる。そのため、他者との対話の必然性を感じられず、結果として対話的に知識を構成する機会が得られないといったことが生じる。つまり、条件②を意図的につくり出すために、3 つの資料にわけているのである。

　3 つ目のステップがジグソー活動である。別々の資料をもつ 3 人 1 組で小グループをつくり、エキスパート資料で得た知識を相互に活用しながら、メイン課題への考察を深める。ただし、ジグソー活動はエキスパート資料から学んだことを発表しあい、その知識を並べるだけの学習活動ではない。3 つの資料から得た知識を比較したり、関連づけたりすることで、理解を深められる場を整えたい（条件③）。ジグソー活動での生徒の学びを観察すると、学びの過程が生徒一人ひとりによって多様であることに気づかされる。生徒がどのように理解し、ときにつまずいたり脱線したりしながら、自分にとっての「わかった」を模索しているかを観察することができる学習活動である。

　つぎのステップがクロストークである。人の考えは本来的に多様なので、各小グループの考察の表現にはバリエーションが出てくる。すると聞き手は、自分にとってわかりやすい説明に出あったり、自分に不足していた視点を確認できたりする。クロストークは発表の場ではなく、むしろ聞き手が主役の時間として位置づけたい。この活動があることで、生徒は他者の説明や見解をみずからの考察と比較しながらよりよい理解をめざすことになる（条件④）。

　最後のステップが学習後の記述である。一連の活動を通してもう一度自分 1 人で書いてみることで、自分がわかること、疑問に思うことを自覚できる機会となる（条件④）。また、学習前の記述と比較することで、自分の学びの深まりを実感することもできる。授業者は、1 回の授業で「生徒は何ができるようになったか」を見とることができるので、つまずきがあれば授業改善をおこない、生徒が授業者の予想をこえたり別の関心をもっていたりすれば、次回以降の主題や内容の変更などにつなげることもできる。

　もちろん、KCJ という型を用いれば必ず協調学習がおきるわけではないし、この型を用いなくても効果の高い対話的な学びを実現する実践もあるだろう。しかし、KCJ には多彩な学習活動が用意されており、その分だけ多様な生徒の学びの過程を形成的評価しやすい点に大きなメリットがあるといえる。

①自分の意見・予想を記述する	2分
メイン課題に対して、まずは1人で自分の考えを書いておく。	

②エキスパート活動	8分
生徒は3人1組の小グループにわかれて、エキスパート資料の1つをもとに考察する。	

③ジグソー活動	15分
別々の資料をもつ3人1組の小グループをつくり、おのおのの資料から得た知識を相互に活用しながら、対話的に理解を深める。	

④クロストーク	10分
ジグソー活動での考察を報告しあうことで、腑に落ちる表現や新たな視点に出あい、聞き手が理解を深める。	

⑤最後に自分の考察を記述する	5分
再びメイン課題に対して、1人で記述する。	

乗り越えたい歴史授業	これからの歴史授業
活動あって学びのないグループワーク	理解の深化を目的としたグループワーク（KCJなど）

7　指導と評価の一体化——PDCAサイクルを回そう！

　構成主義の学習観にもとづいて対話的な学習の場面を充実させ、生徒の学びの事実を日々評価することが重要であることは述べてきた通りである。しかし、これまでの授業は、生徒の学びを見とる場合でも定期考査やレポートなどの学習成果を総括的評価するだけのものが多かった。KCJによる授業でも、生徒の

記述を数値化して、総括的評価の材料にする実践も多かっただろう。このような「目標到達型」のアプローチでは、生徒の学びは正解を求める学習にとどまり、「目標創出型」の学びが損なわれてしまう。評価は、「目標創出型」のアプローチのなかで、生徒の学習改善および授業者の授業改善につなげるためにおこないたい。このような「指導と評価の一体化」を実現するために、授業者は生徒の学びの事実をもとにしたPDCAサイクルを回すことが必要である。

　まず、本時・単元・年間の指導計画を作成し、生徒が実際にどのように学び、どのような認知がみられたら目標は達成されたといえるのかを事前に予測しておく（Plan）。そして、予測を念頭におきながら、授業では書く・話す・質問するなどといった生徒の認知を表出させる学習活動を取り入れて授業をおこなう（Do）。その後、生徒の多様な学習状況を多方面から分析し、なぜそのような学びになったのかを解釈する（Check）。さらに、その結果をもとに授業内での支援や、つぎの授業・単元内での授業改善につなげて、生徒の学習と授業者みずからの授業を改善する（Action）。このようなPDCAサイクルを回すことで、授業者の授業力は生徒の実態にあわせた形でより高まり、授業改善につなげることができると考えられる。

　KCJは、授業者が発問しながら展開する授業よりも、生徒の学びの事実を多面的に観察し、評価できる授業手法といえよう。KCJを実践してみると、今までみえてこなかった生徒の多様な実態を様々に把握することができる。各活動における生徒の記述や発話からは、漢字の読みや資料の読み取りでつまずいていたり、授業者の予測通りマーカーは引けていたがそれを説明するほどには理解できていなかったり、一通り理解できていると思いきや記述ができなかったりするなど、段階的なつまずきを確認することができるだろう。さらに、授業者が予測していない疑問や関心を見とる機会も多く、生徒理解をいっそう深めるとともに、次回以降の授業内容を高度化することにもつなげられるだろう。またKCJでは、メイン課題の答えを授業の始めと終わりに記述させるため、学習前と学習後の比較が可能になり、1回の授業で生徒の理解がどのように変容したのかを把握することができる。〈実践編10奥村〉のように、生徒がどのような歴史的な見方・考え方を働かせたのかを見とり、つぎの授業で別の歴史的な見方・考え方を働かせ鍛える授業をおこなうことも可能だろう。

PDCAサイクルを回すことによって、内容面だけではなく、方法面において
も授業改善につなげることができる。たとえば、エキスパート資料で読ませた
いところにマーカーを引かせるだけでは理解できていないことを見とったなら
ば、マーカーを引かせた箇所を自分の言葉で説明しなおす足場かけの問いを用
意する、というように、生徒の学びの事実にあわせた「授業のコツ」を見出すこ
とができるだろう。

　このように、見とることができた生徒の学びの事実を受けて、授業者はつぎ
の授業、単元や年間の授業について、内容面においても方法面においても改善
することができる。まさにKCJは、「指導と評価の一体化」が実現しやすくなる
授業手法といえよう。

　このあとの実践編では、「公民としての資質・能力」の育成を目標にすえて授
業を単元に位置づけて展開し、KCJという型を用いて生徒の学びを多様な方法
で見とり、授業改善をおこなってきた具体例を紹介している。生徒の学びの
事実をつつみ隠さず分析しているため、読者諸賢の意識が「予想通りいかなか
った」ことに向いてしまうかもしれない。しかし、生徒の学びを見とることが
できたからこそ、授業改善につなげることができたと読み取っていただきたい。
実践編の各報告からは、授業者の一人ひとりが、演繹的な学習理論だけに頼ら
ず、目の前の生徒たちの学びにあわせた「私が導き出した「授業のコツ」」を帰納
的に見出していく様子が浮かび上がってくるだろう。本書で紹介されている授
業のコツを参考に、おのおので生徒の学びにあわせた授業のコツを見出してい
ただきたい。

乗り越えたい歴史授業	これからの歴史授業
生徒の学びの事実を無視した授業	生徒の学びにあわせて授業改善のPDCAサイクルを回す

1　生徒の実態をみきわめて、スタートとゴールを具体的に設定する

山根友樹（湘南学園中学校高等学校教諭）

*P*lan　単元計画と授業案

　本校は、在校生のほとんどが四年制大学進学を希望する中高一貫校である。当該学年は、授業者が中学入学当時から授業を受けもってきた学年であり、学力的な実態および学習への向きあい方はきわめて多様である。授業者には、生徒の多様な実態をふまえた授業実践が求められている。

　歴史総合の大項目「近代化と私たち」で扱う近代の諸相は、おもにヨーロッパ世界から出発して世界へ広がっていったと理解される。しかし、近代前夜の世界においては、必ずしもヨーロッパが世界の中心であったわけではない。そこで、ヨーロッパ中心史観を基盤とした世界史認識を内面化する生徒へのアプローチとして、近代前夜の世界史像を多面的に再構築させたいと考えた。大項目(B)「近代化と私たち」の中項目(2)「結び付く世界と日本の開国」を1つの単元とし、18世紀の世界におけるヨーロッパ世界とアジア、および日本のつながりを意識させるべく、単元をつらぬく問いとして「(18世紀の)世界に中心はあるか」を設定した。単元のメイン課題は、以下の通りである。

アジアの中の日本	古くから琉球の食卓で愛されてきた昆布は、どのようにして琉球までやってきたのであろうか？*
清の繁栄と東アジア	18世紀にヨーロッパで製造された陶磁器と、中国で製造された陶磁器のデザインが似ているのはなぜだろうか？
アジア・アメリカに向かうヨーロッパ	イギリスの人々が、貴重な「紅茶」に貴重な「砂糖」を入れて楽しむことができるようになったのはなぜだろうか？*

*は知識構成型ジグソー法による授業

　授業の方針は、授業者が知識を体系的に整理・伝達するのではなく、特定の商品に着目しながらそれぞれの経済秩序を生徒が理解することを、授業者がバックアップすることとした。さらに3回の授業を通じて、生徒自身が多面的・多角的に18世紀世界の全体像をつかむことをめざした。こうした学びの形は、歴史総合において期待される歴史の学びでもある。知識構成型ジグソー

法(Knowledge Construction Jigsaw method、以下KCJ)の導入は、この目的を達成する1つの方法として理解される。

D。 学びの予測と実際の学び

　本報告では、KCJでおこなった「アジアのなかの日本」の授業を取り上げ、検討の対象としたい。事前に資料の難易度を入念に調節していたため、エキスパート活動における資料♣・♠の読み解きはおおむね円滑に進んだ(学びの予測①)。ただし、資料♥の「富山の薬売り」については、読み解きに苦戦する小グループが複数みられ、なかでも生徒が読み解くうえでぶつかったのは「行商権」という言葉であった。たとえば、「富山は、反魂丹の原料が欲しいんだけど、それが中国から輸入するしかなくて、薩摩がキーになる……」「薩摩藩内での行商権」? を手に入れるために、エゾチマツマエから昆布をもってきて……」「「薩摩藩内での行商権」って何?」といった発話がみられた。エキスパート活動で資料♥の読解が十分でなかった生徒は、ジグソー活動でも資料♥の扱いに困っており、結果としてクロストークや学習後の記述で資料♥の内容を含んでいない解答もいくつかみられた。

　また、中学段階で学習した「鎖国」や「4つの口」といった、既有の歴史概念の活用を期待していたが、エキスパート活動、ジグソー活動ともに、既有知識を活用できた小グループはほとんどみられなかった。むしろ、「そもそもなぜ、富山の薬売りたちは直接中国へ行かないのか」といった、既有知識によって解決できるはずの疑問を解消できず、そこに時間を使ってしまう生徒が若干名いた(学びの予測②)。クロストークや学習後の記述においても、いわゆる「鎖国」体制や「4つの口」など、近世江戸期の外交・経済秩序に言及できた解答はかなり限られており、まったく言及がなされないクラスも存在した。

　ジグソー活動では、それぞれのエキスパート資料を共有していくなかで、「自分の資料(♠)は、中国で昆布の需要がある、みたいな話で」「こっちの資料(♣)は昆布の生産というか、どこでとれるか、みたいな資料」といった形で、資料を突きあわせたあと、生徒♠から「昆布はそこ(蝦夷地)でとれたのか」という発話がみられたように、建設的相互作用が引きおこされ、昆布の流通について全体像が明らかになっていく様子がみてとれた。

〔メイン課題〕
　琉球（沖縄）の伝統料理には、昆布を使った料理が多い。しかし、沖縄のあたたかい海に昆布は自生していない。古くから琉球の食卓で愛されてきた昆布は、どのようにして琉球までやってきたのであろうか？

〔授業の目標〕
　昆布の流通経路を理解することを通じて、既有知識（いわゆる「鎖国」体制と「4つの口」）を土台にしながら、近世江戸期の日本を中心とした、松前口と薩摩口を介した東アジア諸地域との具体的な交易体制（「日本型華夷秩序・海禁体制」の一部）の事例、および西廻り航路・北前船に代表される日本国内における流通の具体的な事例を浮かび上がらせ、近世江戸期の外交・経済秩序と流通に関する概念理解を構築する。

♣ その昆布、どこから？	♥ 昆布を運んだのはだれ？	♠ 昆布を欲しがったのはだれ？
・アイヌの昆布漁	・富山の薬売り	・中国における昆布需要
・アイヌと松前の関係	・江戸時代の海運	・琉球王国の朝貢

〔学びの予測〕
エキスパート活動
①資料から、昆布の供給・流通・需要に関する情報をそれぞれ読み取っている。
ジグソー活動
②既有知識である、いわゆる「鎖国」体制と「4つの口」に関する知識を、エキスパート資料で学んだ知識と組みあわせている。
③昆布の供給・流通・需要の情報を組みあわせながら、近世江戸期の外交・経済秩序と流通に関する概念理解を構築している。

〔仮のゴール〕
　昆布の流通経路について、江戸期の「鎖国」体制と「4つの口」を前提に、中国の昆布需要を背景に、蝦夷地の昆布が、富山の薬売りによって松前から西廻り航路で薩摩へ、そして琉球へ渡った。
※以上の内容を生徒がみずからの言葉で叙述していればよい、というあいまいな想定であり、授業者は、ねらいにそくした仮のゴールを具体的に設定しなかった。

〔単元での位置づけ〕
　単元全体が「中心」を問うものであり、「江戸期の日本を中心としたときにみえてくる東アジアの外交・経済秩序」「清朝を中心とするヨーロッパをも包摂しえた経済秩序」「イギリスが構築したアメリカ─ヨーロッパ─アジア圏におよぶ経済秩序」という構造になっている。本時の授業は、「江戸期の日本」を中心としたときにみえてくる「世界」イメージの構築をめざすものである。

　前述したように、資料♥の読み解きが不十分であったものの、ジグソー活動で、資料♣と資料♠とを突きあわせることによって、資料♥の生徒が「私のはちょっと複雑だけど、そのあいだの……昆布を運ぶ富山の薬売りの話で……」と気づくことができ、結果として昆布流通の全体像の把握が可能になったケースもある。さらに、昆布がどのようにして琉球まで運ばれてきたのかを明らかにしたうえで、メイン課題について、「資料から、「昆布が琉球に渡ってきた経緯」

は理解できたが、琉球はあくまで中国へ輸出される経由地でしかなかったはず
であり、昆布が沖縄でも消費されるようになった理由が、資料からはわからな
い」と指摘する生徒も数人現れた。

　クロストークおよび学習後の記述では、おおむねすべての小グループおよび
生徒が、昆布の流通経路「蝦夷地→松前→富山→（大坂）→薩摩→琉球→中国」を
説明できていた。一方で、近世江戸期の外交・経済秩序に関する概念理解には
ほとんど至らなかった（学びの予測③）。以下は、生徒による解答の例である。

生徒	学習後の記述
A	北海道でアイヌ民族が昆布漁をし、松前藩との交易で昆布を提供。清で薬として珍重されていた昆布を仕入れた松前藩は薩摩藩に昆布を販売、薩摩藩は琉球経由で清に昆布を輸出したため、琉球に昆布がやってきた。
B	富山は、清で風土病の治療薬として珍重されていた昆布を、アイヌと交易していた松前から輸入し、薩摩藩に献上・販売することで、薩摩藩内での行商権を確保した。薩摩藩は、外国と貿易をおこなうために、中国と朝貢体制を続けていた琉球を監視下におき、間接的に中国と貿易して、昆布を輸出していた。そのため、中継地点であった琉球に昆布が運ばれてくるようになった。
C	日本と清での直接的な貿易のやりとりがなかったため、琉球を通じて貿易した。日本は薬がほしいが中国は昆布がほしい。その関係を成り立たせるために、たがいの共通の琉球王国を通じて貿易した。さらに細かくすると日本のアイヌ（北海道）で昆布がとられ、アイヌから松前藩（北海道）、松前藩から富山、富山から薩摩へと渡った。

　生徒Aは、資料♣・♠の内容には言及できているが、「松前藩は薩摩藩に昆
布を販売」といった誤った記述があり、富山の薬売りや北前船による西廻り航
路に関する説明が抜け落ちている。生徒Bは、「行商権」という言葉を用いて昆
布の流通を説明しているが、「薩摩藩に……確保した」という文は資料の記述を
ほぼそのまま抜き書きしたものであり、理解に到達しているかどうか疑わし
い。また、アイヌに対する松前の抑圧に関する記述は捨象されている。生徒Cは、
日本と清とのあいだに直接的な交易関係がなかったこと（海禁体制）が、昆布の
流通経路が成立する背景にあったことに言及できているが、これも当時の東ア
ジア海域秩序の概念理解にまで到達しているとはいいがたい。

C_{heck}　指導に生かす形成的評価

　学びの予測①に反して、富山の薬売りが昆布と引きかえに薩摩藩から獲得し
ようとした「行商権」という言葉に生徒がつまずいたのはなぜであろうか。そ
の原因の１つは、そもそも生徒たちに、江戸期の「行商」のイメージがなかっ

たからであろう。富山の薬売りが、行商人として全国各地で薬を売り歩いていたことをイメージしづらかったであろうし、薩摩藩から反魂丹の原料を「輸入」するには、まず薩摩藩内で「行商権」を確保する必要があったことも理解しづらかったであろう。さらにいえば、江戸時代の幕藩体制における「藩」は、現代の「都道府県」とは性質を異にするものであることも十分に理解されていなかった。「江戸時代、他藩からの行商人は自藩の富の流出になるので、その管理が厳し」かったことについても〔補注❶〕、資料でとくに注を付さなかったため、「行商権」という言葉が生徒にとっては難解なものになってしまったと考えられる。

　資料を作成する過程では、「反魂丹」や「朝貢」といった生徒になじみのない歴史用語については注を付し、読み解きにつまずかないように配慮した。しかしながら、「行商権」という、難解ではないが、当時の時代背景に関する知識をふまえなければ、その意味するところを正確に理解しづらい言葉に関しては、注を付す配慮をおこたってしまった。これについては、西川純らが、社会科用語とともに社会科用語以外の言葉にも生徒はつまずいており、さらにその数は社会科用語以上に多かったことを明らかにしている〔補注❷〕。今回の授業でも、改めて歴史用語以外の言葉にも注意を払わなければならないことが示されたといえる。

　しかし、こうした生徒のつまずきのすべてを授業者が事前に予測し、対処することは容易ではない。今回の授業では「行商権」の問題は解決されなかったが、KCJにおいては、生徒のつまずきについて、生徒自身が対話によって確認・理解する機会が保障されている。たとえば、注釈に書かれていた「朝貢」の説明をよく理解できなかった生徒が、別の生徒の説明によって理解できるようになった場面を複数の小グループで確認している。このように、KCJでは、対話によって生徒みずからがつまずきを解決する機会が保障されている。また、「行商権」については、生徒が戸惑う姿を授業者が見とれたからこそ、別の場面で改めて解説をおこない、形成的評価につなげることができた。

　今回の授業における最大の課題は、学びの予測②③に反し、生徒が既有知識を生かしきれず、結果として昆布の流通に関する説明に終始し、概念理解に到達しきれなかったことである。その要因は、以下の３点に集約される。
Ⓐ生徒が、その概念をどのように理解し、言葉で表現するかといったところま

でを見通して、最終到達ラインである「仮のゴール」を具体的に構築しておか
なかったこと。

Ⓑ生徒の既有知識に対する診断的評価が不十分で、「これくらいの知識なら活
用できるだろう」といった希望的観測にもとづき、概念理解へ至るプロセス
を生徒の既有知識の活用にのみゆだねてしまったこと。

Ⓒ用意した資料にも、概念理解に導くしかけが施されなかったこと。

不足部分を補うべく、東アジアの秩序については、次回の授業においてフィ
ードバックをおこなった（後述）。

最後に、「昆布が沖縄でも消費されるようになった理由が、資料からはわか
らない」という生徒の指摘について検討したい。〈理論編①武井〉では、正解を
出して終わりになる「目標到達型」のアプローチから、正解の先を問い続ける「目
標創出型」のアプローチへの刷新が求められている。この生徒の指摘は、授業
者による問いや教師によって選定された資料群による授業の枠組みそのものに、
生徒が疑問を抱き、さらに主体的に探究していこうとする姿勢が発露したもの
といえよう。KCJのような構成主義的な学習場面が、授業者の想定をこえる生
徒の主体的な探究を保障したのではないか。授業では、こうした生徒の問いを
肯定的に評価し、教室全体へ共有するようにしている。

Action　授業改善と授業のコツ

KCJでは、授業者による解説や「模範解答」の提示を基本的におこなわない。
かわりに授業者が毎回実施したのが、生徒の学習後の記述に対するフィードバ
ックである。このフィードバックは、次回の授業の冒頭5～10分を割いてお
こなっている。今回はGoogleフォームで回収した生徒の学習後の記述から、「こ
ちらのねらい通りの解答」「多くの生徒がおちいっている誤りの典型とみられる
解答」「授業者の想定をこえた解答」を抽出し、それぞれ肯定的な部分と、修正
が必要な部分に対して形成的評価をおこなった。また、いわゆる「鎖国」体制
および「4つの口」に関する説明と、「行商権」に関する簡単な説明もおこなった。
つぎにあげるのは、授業者による全体へのフィードバック（上段）と「清の繁栄
と東アジア」「アジア・アメリカに向かうヨーロッパ」の学習を終えた生徒Dに
よる単元をつらぬく問いの考察（下段）の一部である。

※取り消し線と（　）内が授業者による添削

~~富山~~（富山藩、あるいは富山の売薬業者）は、清で風土病の治療薬として珍重されていた昆布を、アイヌと交易していた松前（松前とアイヌの関係も説明できればなおヨシ）から輸入し、薩摩藩に献上・販売することで、薩摩藩内での行商権を確保した（資料の言葉そのままになっている）。薩摩藩は、外国と貿易をおこなうために、中国と朝貢体制（関係）を続けていた琉球を監視下におき、間接的に中国と貿易して、昆布を輸出していた。そのため、中継地点であった琉球に昆布が運ばれてくるようになった（「そのため」で接続する説明のしかたがGOOD。中継地点という言葉のチョイスもいい）。

授業者による全体へのフィードバック

　絶対的な世界の中心はないため１つに決められないが、自分たちが中心だと思っているところが中心にあたると思う。たとえば18世紀の世界では、清は華夷秩序にもとづいて交易をおこない、自分たちのことを世界の中心だと認識していたかもしれない。しかし、清と貿易をしていたイギリスは、清の方が立場が上だとはみておらず、自分たちも三角貿易をおこなっていたが、文化的な面では中国の産物が大流行した。また、日本も幕府の管理のもとで周辺国を巻き込んで交易をおこなっており、それぞれの国が自分たちを世界の中心だと思っていたのではないかと考える。

生徒Dの単元をつらぬく問いの学習後の記述

　生徒Dは、KCJの学習後の記述では、昆布の流通経路のみを説明していたが、全体へのフィードバックをふまえて「18世紀の日本は４つの口でしか交易していなかったため、琉球を通じて清と交易していた」という文章をメモしていた。注目すべきは、単元をつらぬく問いの学習後の記述である。清やイギリスの自国を中心とする経済秩序と連結する形で、「日本も幕府の管理のもとで周辺国を巻き込んで交易をおこなっており、それぞれの国が自分たちを世界の中心だと思っていたのではないか」と記述しており、当時の国際秩序全体を俯瞰してみようとする姿勢が確認できる。

　前述した通り、KCJでは、生徒のつまずきについて、生徒が相互に対話によって確認・理解する機会が保障されている。とはいえ、読めない・わからない言葉が多いと生徒の学習意欲はそがれやすく、資料の些末な事柄に気をとられてしまえば、資料全体の読み解きに支障が出る。そのため、以後の授業では、つまずきやすいと思われる言葉にはふりがなと注をより丁寧に付した。また、授業を構想する際には、ねらいに対して仮のゴールをより具体的に定めることを心がけた。すると、メイン課題の問い方や資料の選定、足場かけの方針が明確となった。資料中の難解な言葉についても、メイン課題を考察するうえで重要であれば注を付し、そうでなければ大胆にカットしたり、ほかの言葉に言い

かえたりする基準が明確となった。メイン課題を考察するうえで必須と思われる概念については、つねに全体で確認し、資料にも明記するようにした。

　以上のActionをふまえ、当該授業をつぎのように改訂した。

Ⓐ「どのように」という問いが昆布の流通経路のみを答えさせる結果をまねいたことをふまえて、メイン課題の問いの文言を「なぜ」に改め、昆布流通の背景まで言及できるような問いに変更した。

Ⓑ上記をふまえて、単元をつらぬく問いも「(18世紀の)世界に「中心」はあるか?」から「(18世紀の)世界の「中心」はどこか?」という、よりオープンな問いに変更した。

Ⓒ近世江戸期の外交・経済秩序に関する概念理解を獲得させるため、既有知識を喚起するしかけとしてメインプリントに図版「18世紀の東アジアにおける貿易と使節」を掲載した。また、各エキスパート資料にも、概念理解をうながすための資料や問いを増やし、松前藩とアイヌの関係性や幕府による「海禁体制」、中国・琉球・薩摩藩・幕府の関係性を理解できるよう工夫した。

Ⓓエキスパート資料♥の資料から「行商権」という言葉を削除しつつ、全体的にふりがなと注を増やすことで、生徒の学習活動が円滑になるよう整えた。

私が導き出した「授業のコツ」

　予測と学習後の記述とのギャップを見とることで生徒の学びの事実をより正確に把握する。生徒の学びの事実をふまえて、具体的な授業の「仮のゴール」を設定する。その繰り返しによって、建設的相互作用を引きおこしやすくする教材の開発精度が各段に向上していく。

2　インタビューや成果物から生徒の思考過程を把握する

髙野晃多（佼成学園女子中学高等学校教諭）

*P*lan　単元計画と授業案

　「植民地は日本の姿を映し出す鏡だ」。これは、旧友の言葉である。高校生の頃、過去のできごとをめぐる近隣諸国と日本との対立を目にしたことがきっかけとなり、学生時代には日本近現代史、とくに戦犯裁判と歴史認識の研究をおこなった。そのときに出あった植民地朝鮮を研究する仲間や韓国からの留学生から助言を受けながら、本授業を計画した。授業者にとって、日韓の和解に向けた第一歩は、彼らとの日常的な対話にある。日韓の和解に関して、内海愛子は、被害者の声にこたえた和解のためには、歴史の事実を掘りおこし、記録するとともに、認識を共有し、謝罪し、補償することだけでなく、その事実をつぎの世代に伝えていくことが必要だという〔補注❶〕。

　では、どのようにすれば異なる歴史認識をもつ国同士が認識を共有できるのだろうか。この点について、岡裕人は、戦後ドイツにおいて進められたポーランドとの教科書対話の実例をもとに、人と人とがじかに対話し、絆を一歩ずつ築き上げていくことが、異なる歴史認識の国同士における「相互理解のスパイラル」につながること、そして、そのためには何より忍耐が必要であることを指摘している〔補注❷〕。つまり、和解のためには、異なる認識であってもたがいにそれを共有し、辛抱強く対話を重ねることを通して相互理解を深めていくことが必要だといえる。

　しかし、そのような対話をうながす歴史教育がどれほどおこなわれているのだろうか。授業者自身、新採用から数年間は講義中心の授業をおこなっていた。しかししだいに、どれだけ語りかけ、問いかけようとも、興味や関心がない生徒には響かないことにもどかしさを感じるようになり、自分が理想とした生徒みずからが歴史を学びとり、歴史認識を形成していく授業にどのようにすれば改善できるのかが、切実な課題となった。そんななかで出あったのが、知識

構成型ジグソー法(Knowledge Construction Jigsaw method、以下KCJ)である。KCJで生み出される教室での対話が、ゆくゆくは国境をこえた対話の出発点になってほしいという願いを込め、今回の授業をおこなった。

　紹介する授業は、戦争や人間がもつ普遍的な暴力性について、歴史を通して生徒に考えさせることを目的とした2021年度の実践をアレンジしたものである[補注❸]。授業テーマは、日本による朝鮮への植民地支配だ。エキスパート資料は、資料♣が植民地収奪論(以下、収奪論)、資料♥が植民地近代化論(以下、近代化論)[補注❹]と相反する2つの資料を用意し、資料♠は日本人の朝鮮人に対する差別意識という異なる視点からの資料にして、生徒の対話を引き出す工夫を施した。資料♣・♥に記載した「朝鮮人総人口における農業者の割合(%)」では、植民地期を通じて人口の約75〜85%が農民だったことが読み取れるため、資料♥で近代化・都市化したことを表す資料が示されても、その恩恵は一部の人々に限られたことに気づかせようとした。

　メイン課題の設定には、もっとも試行錯誤した。2021年度のメイン課題は、「日本の植民地支配は朝鮮に何をもたらしたのか?」としていたが、生徒からは「メイン課題が難しかった」という声が聞かれ、学習後の記述にも抽象的な言葉が多くみられたため、植民地支配に対する一面的な理解にとどまってしまった。

　そこで次年度は、メイン課題を「日本の朝鮮への植民地支配はどのようなものだったのか?」に改めたところ、「日本風の発展は遂げたが、朝鮮人を劣等視したり、文化を無視する日本人も多く、朝鮮の農民は貧しくなっていった」などと、より具体的に記述できるようになった。しかし、まだ多くの生徒が収奪論と近代化論の両論併記にとどまり、近代化の恩恵が一部の人々に限られることに言及した記述は、ごくわずかしかみられなかった。「日本と同じ教育をしたことで近代化が進み、社会は発展した……」というものをはじめ、近代化の内実を問わない記述がほとんどであった。

　これらの実践をふまえ、生徒が主体的に朝鮮への植民地支配を評価できるようなメイン課題に設定し直した。近代化の内実を問えるような資料♥・♠を配置し、生徒が朝鮮の近代化を批判的に読み解けるように配慮した。

〔メイン課題〕
　私たちは日本の朝鮮への植民地支配を「良いこと」もしたと認識してよいのだろうか？
〔授業の目標〕
①おもに植民地収奪論と植民地近代化論という2つの立場から考え、近代化の恩恵を受けたのは当時の一部の人々に過ぎないことを理解する。
②植民地朝鮮の近代化は、あくまでも宗主国日本のための近代化だったことを主体的に評価する。

♣ 日本の植民地統治は朝鮮人に「良い影響」を与えたのか？	♥ 日本の植民地統治は朝鮮の社会に「良い影響」を与えたのか？	♠ 日本人は植民地統治した朝鮮人に「良い眼差し」を向けていたのか？
・農業者の割合 ・小作農の割合 ・土地調査事業 ・産米増殖計画の結果	・鉄道の拡張 ・産業別GDP構成比 ・都市化 ・宗主国日本の利益増進のための経済開発 ・農業者の割合	・在朝日本人の帝国意識 ・朝鮮人への差別意識 ・植民地支配下における教育の目的

〔学びの予測〕
エキスパート活動
①資料から、朝鮮の近代化の恩恵が一部の人々に限られていたことに気づく。
②朝鮮の近代化は、あくまでも宗主国日本のためだったことに気づく。
ジグソー活動
③資料の読み解きを通じて、生徒が主体的に植民地支配を評価する。
〔仮のゴール〕
　朝鮮の都市では近代化が進んだが、あくまでも日本が自国の利益を追求するための発展だった。人口の75〜85%を占める農民は貧しく、近代化の恩恵を受けられたのは一部の人々だった。そして、日本人は朝鮮人を劣等視し、差別や皇民化教育をおこなったことから、日本の支配は帝国主義的なものだったといえる。
〔単元内での位置づけ〕
　大項目B「近代化と私たち」で実施。日露戦争後における日本の本格的な帝国主義国家化の歴史として、朝鮮への植民地支配を考えていく。

D_o　学びの予測と実際の学び

　この授業実践は、おもに一般入試・総合型選抜などで大学進学をめざす生徒が多いYクラスと、おもに指定校推薦・総合型選抜などで大学進学をめざす生徒が多いZクラスを対象にした。

　両クラスを比較してみると、Yクラスでは、対話によって資料を読み解き、エキスパート資料の内容をおおむね理解できた小グループが多かった（学びの予測①②）。授業後、植民地支配を「良くなかったもの」と評価した記述が約89%を占めた。

一方、Ｚクラスでは、エキスパート資料の読み解きに苦戦する小グループが多かった。ジグソー活動においては、各資料の課題を説明することに難航し、すべての資料の内容をあわせてメイン課題の解答をつくる際、多くの小グループが各資料をどのように組みあわせればよいのかわからず、１時間ほど超過してしまった。Ｚクラス全体では、植民地支配を「良くなかった」「良いこともしたと認識してはいけない」と否定的に評価した記述が約55％を占める一方で、「良い影響ばかりを与えたわけではない」「すべてが良かったわけではない」と留保するような記述が約18％であった（学びの予測③）。つぎの表は、メイン課題に対する学習前と学習後の記述をまとめたものである。

クラス	生徒	学習前の記述	学習後の記述
Y	A	わからない。	認識してはいけない。日本は統治時代の朝鮮において、鉄道開設や娯楽設備の設置、児童の就学率の増加など、朝鮮の近代化に貢献したが、近代化の恩恵を受けられる人が極端に少なかったり、作った米がほとんど日本へ輸出されたために深刻化した食料不足、朝鮮を劣等視する考え方など、良いとは言えない出来事も多くあった。日本が日本の利益を目的として朝鮮を植民地化したことは「悪いこと」であり、その上で、結果として「良い影響」と「悪い影響」が残ったのだ。
Y	B	日本は朝鮮に対し、悪いこともたくさんしたが、よいこともした。例）日本からの植民地脱退をするための国民化、文化的食文化の発展。	教育の面や、一部の朝鮮人には良い影響を与えたが、国民の７割が農民であったため、近代化の恩恵を受ける人は少なかった。また、作られた米も日本に輸出されたため食料不足がさらに深刻化し日本人も朝鮮を劣等視していたことから「良いこと」をしたとはいえない。一方で朝鮮は日本の影響で近代化したともいえるので「良いこと」をしたとも考えられる。
Z	C	よいと思う。鉄道などがつくられていたから。	朝鮮人の８割以上が都市や工業の発展の恩恵を受けられたり、米の生産量は増加したが、日本に輸出してしまうため、食料不足になっていたため、良いこともしたと認識していいが悪いことの方が多い。
Z	D	植民地支配が終了したと同時に朝鮮が光復しているから、「よいこと」もしたと認識してよいと思う。	日本が朝鮮を発展させようと鉄道を拡張したり、産業を近代化させたりしたことにより恩恵を受けた朝鮮人もいたが、それにより、土地を奪われたり仕事をなくした人や米の生産を強制されその米も奪われてしまい、食料不足におちいったりと結果的に良い影響は与えていないと思った。

C*heck*　指導に生かす形成的評価

　はじめに、Yクラスについて分析していく。生徒Aは、学習前には「わからない」としか書けていなかったが、対話を通してすべての資料の内容をふまえて多角的に考察できたことがわかる。生徒Aは資料♥をふまえて、植民地支配を正当化できないことを読み解き、植民地支配の真の目的について述べた資料はこれしかないことから、その重要性に気がついた。そのうえで、同じ小グループの生徒Bとつぎのような対話をおこなっていた。

> 生徒A：いい影響も悪い影響もあったことを書くべきで、そのうえで植民地支配が良いことだったのかを書くべき。
> 生徒B：最終的には日本の利益のために、開発したけど……。
> 生徒A：やったことが良い影響になっただけで、悪い影響になったこともあるかもしれないじゃない。
> 生徒B：良いこともしたと認識してもよいだろうか？　……日本人としては認識してはよくないと思うよね。
> 生徒A：たしかに。ネガティブなことをした側。

　この対話からは、近代化論と収奪論のあいだで葛藤する生徒たちの姿がみてとれる。そして、生徒Bの発話をふまえて、植民地支配が結果だけみればよい影響も残したこと、そしてその逆もありうることを述べていた。そのうえで、どのようにメイン課題の解答を書くべきか行き詰まってしまった。

　授業終了間際に生徒Aは、ジグソー活動の小グループ内で意見がわかれており、自分の意見としてはよいことはなかったと考えているが、ほかの生徒は両方あったと考えていると相談してきた。そのあと、生徒Bの提案で昼休みに話しあうことが決まり、自主的に集まっていた。結果的に、「植民地支配に良いことはなかった」という生徒Aの意見に生徒Bが賛同し、見解がまとまった。

　こうした経緯をふまえて、生徒Bの学習前後の記述を比較すると、生徒Aの意見の一部をとり入れた痕跡が確認できるが、学習前に記述していた「良いこと」は学習後の記述にも残っている。ここから、ジグソー活動などで対話を重ねても、生徒がはじめから抱いている素朴概念は学習後も根強く残っていることが指摘できよう。

　つぎに、Zクラスに目を移したい。生徒Cの学習後の記述では、一部資料の誤解が含まれるものの、学習前の記述に比べて内容の深化や認識の変化がみられ

れた。しかし、「良いことより悪いことの方が多い」と両面を比較できているものの、結果的には両論の併記にとどまっており、「主体的な価値判断」にまでは至らなかった。そこで、生徒Cに対して、「なぜこのような（学習後の）記述になったのか？」とインタビューした。すると、メイン課題が「良いこと「も」したのか」という表現だったため、朝鮮の近代化は日本のためだったことなど植民地支配の悪かった側面を理解しながらも、メイン課題の「も」に着目して解答を書いていたことが明らかになった。このことから、メイン課題をはじめとする授業者が設定する問いや課題の細かい表現が、授業における生徒の思考を規定する場合があることがわかる。

　生徒Dは、宗主国の利益増進という植民地支配の本質を学習後の記述に盛り込めなかった一例であり、同じような生徒は約60％存在した。その理由を探るために、資料♥を担当した生徒Dのエキスパート活動の成果物を分析した。すると、宗主国の利益増進という植民地支配の目的がわかる箇所に下線を引く課題に対し、学習後の記述にみられる理解とは異なり適切な箇所に下線を引けていたことがわかった。各エキスパート資料の課題に解答できていたとしても、それが生徒の思考から抜け落ちてしまうことがあるといえよう。このことは、ペアワークを中心に実施している授業でもたびたび実感していた。そのため、生徒が各問いで空欄補充や解答部分へのマークができていたとしても、それが学習後の記述に反映されない理由をさらに追究する必要があろう。

　以上をまとめると、つぎの①〜③が指摘できる。
①ジグソー活動などで対話を重ねても、生徒がはじめから抱いている素朴概念は学習後の記述にも影響を与えやすい。
②メイン課題をはじめとする授業者が設定する問いや課題の内容だけでなく、細かい表現までもが、授業における生徒の思考を規定する場合がある。
③課題に解答できていても、生徒の思考に反映されないことがある。

A_{ction}　授業改善と授業のコツ

　ここまでの結果をふまえて、その後の授業をどのように展開していったのかについて述べたい。次回の授業では、冒頭に振り返りをおこない、生徒の学習後の記述を複数ピックアップして紹介しつつ、仮のゴールに近づくためにはど

のように改善すればよいのかを明示した。

　3学期の授業では、前ページ①～③の指摘をふまえて、総力戦体制のなかで植民地がいかに本国の利益のために活用されていったのかを再認識させた。その際、指摘②をふまえ、「朝鮮人や台湾人は日本にどのように総力戦に動員されたのか」というわかりやすい表現の問いを設けた。さらには、「日本政府はどのような意図で植民地出身者を動員したのか」というステップアップの問いも立てた。また、生徒Dのように、課題に答えられたとしても思考に反映されないケースを考慮し、まずは生徒一人ひとりに考えさせ、そのあと本当に理解できているかを確認するためにペアワークで言語化させる学習機会を設けた。

　とくにアジア・太平洋戦争の学習では、宗主国のために総力戦に利用されていく植民地の実態を理解させるために、戦時中に日本軍がつくらせた泰緬鉄道と、朝鮮人で戦後にBC級戦犯とされた李鶴来をとりあげた〔補注❺〕。李鶴来は、日本軍の捕虜収容所で監視員として戦争に動員され、教育という名のもとにビンタなどの暴力を受けた「被害」者である。その一方で、連合国軍の捕虜に対してみずからも同様の行為をおこなったことで、それが戦後に捕虜虐待とされて戦犯となった「加害」者でもある。歴史のなかで苦しんだ個人に焦点を当てることによって、弱者として受けた「被害」がさらなる弱者への「加害」に連鎖していった様子を浮き彫りにし、戦争という極限状態のなかであらわになった植民地支配がもつ暴力性に気づかせることをねらいとした。授業では、「アジア・太平洋戦争において植民地出身者は被害者なのか？ 加害者なのか？」という発問を繰り返し、「植民地支配には肯定できる側面もあった」という生徒の素朴概念をゆさぶり続けた。

　加えて、本国に使われ、前述のように「加害」せざるをえない立場に立たされたあげく、一方的に日本国籍を剥奪され、戦後補償から切り捨てられた植民地出身者の視点から、戦後史を問い直す活動をおこなった。植民地支配の暴力的な実態は戦後にも大きな影響を与え、そうした不条理と背中あわせで今の日本社会が形成されてきたことを強調した。具体的には、3学期の授業で、李鶴来に関する映像資料を視聴させ、「李鶴来は、戦争の「被害者」なのか、それとも「加害者」なのか」という問いを考える課題を出した。Zクラスの生徒から提出された解答の一部を紹介したい。

私は、李鶴来さんは戦争の被害者であると感じた。確かに李さんと同じように日本の植民地の人々は捕虜を厳しく管理し、時には体罰や虐待を行う加害者の面を持っているし、それによって被害を受けた捕虜やその周りの人々は今でも植民地の人々を憎んでいると思う。

　しかし、同じことを日本からされ、自国ではない国のためにここまですることを強制された植民地の人々を私は責めることができない。戦争後も日本に強制されていたことにより「戦争犯罪人」となり、処刑されたり、日本に見放されたりすることの悲しさ、悔しさは想像を絶するほどだと思う。

　植民地の人々、捕虜の両方とも、今でも戦争に苦しめられ続けている現実を知り、強い憤りを感じた。少し聞いた私ですらこのような気持ちなのだから、当事者の方々は私たちが想像できないほどの辛さをずっと持ち続けているだろう。……

　こうした記述は、李鶴来の姿から日本の植民地支配がもつ暴力性を学びとってくれた成果だと言えよう。

私が導き出した「授業のコツ」

　学習後の記述から「できた」「できなかった」を判断するだけではなく、「なぜそのような記述になったのか」を探る。学習前の記述との比較、エキスパート活動での生徒の成果物、生徒へのインタビューなどから、生徒の思考の流れを把握し、授業の改善につなげる。

3　視点が焦点化されていくような資料を用意する

稲垣翼(神奈川県立厚木清南高等学校〔定時制〕教諭)

*P*lan　単元計画と授業案

　本校は、単位制の三課程(全日制・定時制・通信制)併設校で、授業者は定時制に所属している。1年次に必履修科目の歴史総合を設置し、1コマ90分で授業を実施している。本稿で取り上げる歴史総合の授業実践のテーマは「大衆の政治参加」である。学習指導要領の大項目C「国際秩序の変化や大衆化と私たち」の中項目(2)「第一次世界大戦と大衆社会」を単元として構成した一連の授業の1つで、単元の小括に相当する主題学習である。学習指導要領は、生徒に身につけさせるべき知識を以下のように示している。

　　大衆の政治参加と女性の地位向上、大正デモクラシーと政党政治、大量消費社会と大衆文化、教育の普及とマスメディアの発展などを基に、大衆社会の形成と社会運動の広がりを理解すること。

　しかし、現在から截然と切り離された過去のできごととして、「大衆社会の形成と社会運動の広がり」という概念をただたんに理解することに、(歴史学者になるわけでもない)生徒がどれほどの学ぶ意義を感じられるだろうか。社会科教育学者の渡部竜也は、多元的な民主主義社会を担いうる主権者を育成する実用主義を、歴史教育がめざすべきものとして位置づけている〔補注❶〕。渡部の提言を受け、授業者は学習指導要領が要請する概念的知識の獲得を「公教育が達成するべきミニマム・スタンダード」としてとらえ直し、主権者教育の観点から、生徒が学びに対する有意味性を感じられるような単元目標を改めて設定することにした。そこで、歴史総合が歴史と「私たち」をつなぐレリバンスの構築をめざす科目であることをふまえ〔補注❷〕、授業者は歴史学者のテッサ・スズキが提唱する連累(implication)という概念に着目した〔補注❸〕。連累を思考概念として活用することで、暴力・差別・残虐行為などの持続的な過去の迫害によって受益してきた、大衆としての「私たち」自身を歴史的現在のなかに発見し、

現在の政治的・社会的制度と思考様式にいまだに生きのびている、過去の暴力と差別の伝統に抗する歴史的主体性を、生徒が獲得できる（かもしれない）と考えたからである。設定した単元目標は以下の通りである。

　　　現在もなお構造的な暴力と差別を生み出す社会制度や思考様式を継承し
　　　続ける、大衆としての「私たち」自身を歴史的現在のなかに発見し、そうし
　　　た過去の暴力と差別の伝統に抗する社会的・政治的な参加をみずからにう
　　　ながすような歴史的主体性を生徒が獲得すること。

　歴史学者の藤野裕子は、過去に民衆が振るった暴力を「暴力はいけない」という規範によって道徳的に否定することが、民衆を暴力行使にかり立てた時代背景・慣習・文化——現代とは異なる価値観と秩序をもっていた社会——や、民衆の意識・行動様式を理解することから目を背けることにつながってしまうと警鐘を鳴らしている〔補注❹〕。そして、そうした民衆による暴力行使の論理を直視することによって、権力への暴力と被差別者への暴力とが、明確に区分して称揚／否定することの困難な「渾然一体」のものであることを論証している〔補注❺〕。藤野の問題提起を受け、「抑圧された苦しい現状から一挙に解放されたいという強い願望と、差別する対象を徹底的に排除して痛めつけたいという欲望とが、民衆のなかに矛盾せず同居していた〔補注❻〕」ことについて、歴史的エンパシー〔補注❼〕を働かせながら理解することを本授業の目標に設定した。そして、メイン課題を「大衆の政治参加は社会のどのような条件のもとで進展し、どのような可能性と危険性を内包したのか？」に設定し、「大衆社会の形成と社会運動の広がり」という概念的知識を多面的に構成するため、

①大衆の政治参加が進展する社会条件

②民衆暴力

③女性解放運動

を取り上げた。とくに、米騒動と関東大震災時の朝鮮人虐殺〔補注❽〕を取り扱う②は、メイン課題を考察するうえでもっとも重要な論点となる。

　なお、知識構成型ジグソー法（Knowledge Construction Jigsaw method、以下KCJ）は、歴史教育に特化した授業手法ではなく、実用主義を前提にしているわけでもない。そのうえでなお、授業者が本授業をつくるにあたってKCJを採用した理由は、同じくテッサ・スズキが提唱する「歴史への真摯さ」（historical

〔メイン課題〕
　大衆の政治参加は社会のどのような条件のもとで進展し、どのような可能性と危険性を内包したのか？

〔授業の目標〕
①大衆の政治参加が進展した社会条件と、植民地の人々への帝国主義的な眼差しを統一的に理解する。
②民衆を暴力行使にかり立てた時代背景・文化・思考様式を、行為者にそくして内在的に理解する。
③女性のデモクラティックな権利意識の向上が、家父長制への抵抗と国権拡張に接続したことを理解する。
④上記の①〜③が矛盾なく同居したインペリアル・デモクラシーの両義性を理解し、現在の「私たち」の社会制度や思考様式にいまだに生きている過去の暴力と差別の伝統に抗する歴史的主体性を獲得する。

♣社会のどのような変化が大衆の政治参加を拡大したのか？〈社会条件〉	♥民衆の暴力はよいものか、悪いものか？〈民衆暴力の「可能性」と「危険性」〉	♠女性は何を拒否し、何を獲得しようとしたのか？〈ジェンダーの視点〉

〔学びの予測〕
エキスパート活動
①♣大衆の政治参加が進展した社会条件と、その大衆が政治参加や独立を求める植民地の人々に対しては冷淡だったことを、♥民衆の暴力行使が権力に反発する解放願望と被差別者を迫害する欲望を同時に内包していたことを、♠女性解放運動が家父長制への抵抗と国権の膨張とに同時に接続したことを理解する。

ジグソー活動
②大衆の政治参加がもたらした「可能性」と「危険性」を、多面的に理解する。

〔仮のゴール〕
　工業化の進展や教育水準の向上、マスメディアの拡大などによって大衆が大きな存在感を示すようになった。そのため、為政者は逸脱者を排除しつつも、女性を含む大衆を広範に包摂した民主的な政治をめざさざるをえなくなった。しかし、大衆は帝国内での地位上昇をめざすがゆえに、植民地の人々による独立や自治要求に対する恐怖・嫌悪から暴力を行使することもあった。また、女性解放運動は、家父長的な価値観などの抑圧を受けながら帝国の体制内で権利の拡大をめざしたため、積極的な戦争協力を選択することにもつながった。

〔単元内での位置づけ〕
　大項目C「国際秩序の変化や大衆化と私たち」の中項目(2)「第一次世界大戦と大衆社会」の小括。

truthfulness）という概念と深く関わっている。テッサ・スズキは、過去の叙述やイメージとの継続的な対話を通して、聞いた物語を語り、語り直し、そうすることで現在の自分を定義し、定義し直すプロセス（「歴史への真摯さ」）が、歴史修正主義をはじめとした「抹殺の歴史学」とたたかうための出発点になると論

じている[補注⑨]。Actionで示すように、KCJはこのプロセスを構造的に組み込みやすい授業手法である。各エキスパート資料に「（歴史的）他者の声」を組み込むことで、生徒は自身に否応なく浸潤してくる「他者の声」の依り代となり、場合によっては、語ることをためらい、拒みたくなるような他者との境界を幾度も往還しながら、過去——暴力と差別の伝統——を何ら断ち切りえていない歴史的現在と、そこに生きる「私たち」自身を共同的に再構成していく。そこにこそ、継続する不正義の構造に抗する歴史的主体性を獲得していく可能性が現れるのではないか。授業者はこのように考え、前掲の単元目標を達成するうえでKCJが最適な手法であると判断し、本授業に適用した。

　以上の検討をふまえて開発したKCJ教材の概要は前ページの通りである。

D。 学びの予測と実際の学び

　2022年12月、授業者が歴史総合を担当する3クラスで本授業を実施した。冒頭でも述べたように、本校は1コマ90分授業で、グループ編成にともなう指示や座席の移動時間を除き、おおむね以下のような時間配分で授業を展開した。

　前時の学習後の記述のフィードバック（5分）→導入（5分）→学習前の記述（5分）→個人で資料分析（12分）→エキスパート活動（8分）→ジグソー活動（30分）→クロストーク（7〜8分）→学習後の記述（10分）

　授業の導入部でNHKのTVシリーズ「100分de名著」のル・ボン『群衆心理』を一部視聴し、中項目(2)「第一次世界大戦と大衆社会」の主題学習で学んできた内容をふまえてメイン課題を提示した。学習後の記述を概観すると、資料♣大衆の政治参加が進展する社会条件については一定の理解の深まりが確認できた（学びの予測①）が、植民地の人々の独立や自治要求に対する冷淡さへの言及はなかった。また、資料♠女性解放運動が内包する両義性への言及は「男女平等を阻まれたが戦争によって平等になった」など不十分なものが多かった。そして資料♥が提示するはずの民衆暴力の両義性については、Checkで詳述するように、「デモとテロを混同」してしまったことにより、デモクラティックな側面への理解が深まりきらず、その評価が「危険性」にかたよってしまった（学びの予測②）。

C*heck*　指導に生かす形成的評価

注目したのは、以下の学習後の記述である（下線部は授業者による）。

生徒	学習後の記述
A	抽象的な権利と理想的な自由を手に入れるため大衆が集まり政治家たちに向かってデモをおこした。大衆によるデモがあいつぐ中、米価高騰に怒った女性たちが値上げを阻止するため運動をおこした。それが新聞で各地に広まり、各地の労働者も増加、米穀商を襲撃した。大衆の政治参加は政治や産業などを進展させ、それと同時に<u>値上がりによるデモが多くなる危険性</u>があった。
B	工業の発展による賃金の増加や、新聞をみたりする人が増えたり、大衆の期待に応えないとやっていけない政治だったため、普通選挙権が認められた。また、画一的な情報しか得られないので団結という面ではいいが、それゆえに嘘か本当かの見わけがつかず、凶暴さが増してしまう危険性がある。また、<u>革命をおこしかねない</u>。
C	工業が進展するにつれて労働者が多くなった。そんなときに米騒動がおき、富山県の暴動がメディアにとりあげられて全国に新聞に出され、多くの労働者が目にして、暴動がおきて米穀商などを襲撃した。暴動により首相がかわり、女性参政権を獲得し、進展した危険性はメディアの煽りによる<u>集団犯罪や集団デモの危険性</u>が目にみえるくらいに上昇していた。

　これらの記述から、生徒が為政者と同一の観点に立ちながら、デモなどの政治的主張や社会変革を「迷惑な悪いこと」と認識し、場合によってはテロと同一視していることがわかる。藤野の言葉を借りるならば、「暴力はいけない」という規範によって民衆の暴力を道徳的に否定することで、民衆を暴力行使にかり立てた時代背景や思考様式などから目を背けてしまったことになる。藤野が指摘するように、暴力に対する道徳的な忌避感は、為政者による弾圧を正当化し、主権者の行動をみずからせばめることにつながる〔補注⑩〕。

　生徒が「デモとテロを混同」してしまった学びの事実から、米騒動に参加し暴力を行使した人々の論理や願望を内的に理解することがいかに重要であるかを、授業者は改めて痛感した。政治的な要求を実現する回路が制限されていた時代背景や、人間としての尊厳をふみにじられてきた被差別者の内奥に「やむにやまれず」暴力を行使するような解放願望が鬱積していたことを考察するなど、より歴史的エンパシーを獲得しやすい学習環境を整える必要があるだろう。

　そして、「デモとテロの混同」という学びの事実が発生してしまった最大の要因は、本来ジグソー活動で議論すべき民衆暴力の2つの側面（「可能性」「危険性」）が単一のエキスパート資料に混在してしまったことにあると授業者は考

えた。米騒動と関東大震災時の朝鮮人虐殺を同時に扱う資料♥が、重要な論点を単独で背負い込んでしまったために、担当する生徒は「可能性」「危険性」の視点を適切に分離して提示することができなかった。そこに暴力に対する道徳的な忌避感があいまって、学習後の記述ではデモクラティックな側面が希釈されてしまったものと考えられる。また、生徒Cの「集団犯罪」という表現が、（明示されてはいないものの）関東大震災時に流布した「朝鮮人による暴動」というデマを事実と認識していることの反映だとすれば、これは「治安維持」の名目でマイノリティの抹殺を正当化する社会認識につながる危険な事実誤認といわねばならない。仮に「集団犯罪」がデマを事実と誤認したうえでの表現だとすれば、「米騒動における暴動（事実）」と、「関東大震災時に流布した「朝鮮人による暴動」という流言（虚偽）」とを単一のエキスパート資料内で取り上げたことによって、生徒が概念を混同し、事実誤認に至った可能性は十分にありえる。その意味でも、資料♥が重要な論点を単独で背負い込んでしまった弊害は大きいといえる。

　以上をふまえ、Actionでは、資料♥が単独で背負い込んでしまった「可能性」「危険性」の論点を以下のように分離することで、KCJ教材の改善を試みる。

　資料♥は米騒動のみを取り扱うことで、民衆暴力の「可能性」に焦点化する。

　資料♠は関東大震災時の朝鮮人虐殺のみを取り扱うことで、民衆暴力の「危険性」に焦点化する資料として新規作成し、史実に関わるファクトチェックをおこなう学習活動を組み込む。

Action　授業改善と授業のコツ

　改善後のKCJ教材の概要は、つぎのページの通りである。

　民衆暴力の「渾然一体性」を便宜上、資料♥と資料♠のエキスパート資料に分解してしまったので、学習後の記述の際に、暴力を行使した民衆の論理を再度統一的に把握できるよう、メイン課題を「大衆の政治参加には、どのような可能性と危険性が同居していたのか？」に変更した。

　エキスパート資料は以下のように再構成した。まず、旧資料♠のジェンダーの視点を、女性参政権の実現を阻んだ大衆（≒男性）に論点を限定したうえで新資料♣に編入し、タイトルを「政治参加を拡大できた「大衆」とはだれだったのか」に変更した。これにより、女性や植民地など「政治参加を拡大できなかっ

<table>
<tr><td colspan="3">〔メイン課題〕
　大衆の政治参加には、どのような可能性と危険性が同居していたのか？</td></tr>
<tr><td colspan="3">〔授業の目標〕
①大衆の政治参加が進展した社会条件と、植民地の人々や女性の政治参加を阻んだ大衆の
　実像を統一的に理解する。
②米騒動に参加し暴力を行使した人々の論理を、歴史的エンパシーによって内在的に理解
　する。
③関東大震災時に民衆が朝鮮人を虐殺した要因を、歴史的文脈に配慮しながら理解する。
④上記の①〜③が矛盾なく同居したインペリアル・デモクラシーの両義性を理解し、現在
　の「私たち」の社会制度や思考様式にいまだに生きている過去の暴力と差別の伝統に抗す
　る歴史的主体性を獲得する。</td></tr>
<tr><td>♣政治参加を拡大できた「大
　衆」とはだれだったのか？
　〈「大衆」の包摂／排除〉</td><td>♥権力への暴力には、どの
　ような論理と願望が込め
　られていたのか？
　〈民衆暴力の「可能性」〉</td><td>♠民衆を「死刑執行」にかり
　立てた要因は何だったの
　か？
　〈民衆暴力の「危険性」〉</td></tr>
</table>

た」人々や地域に着目させ、「大衆」が包摂／排除の契機を有する概念であることを理解するための資料として再編した。そして、新資料♠を関東大震災時の朝鮮人虐殺を構造的・内在的に理解するための資料として新規作成し、新資料♥は米騒動に参加し暴力を行使した民衆の論理や、被差別者の解放願望を理解するための資料として純化した。以下、資料♥・♠を中心に、具体的な改善の要点とそのねらいを説明する(細部の改善については、教材データに青字で記載してある)。

　新資料♥は民衆暴力の「可能性」を考察するための資料であることを明示するため、タイトルを「権力への暴力には、どのような論理と願望が込められていたのか？」に変更した。また、民衆暴力を道徳規範によって短絡的に否定するのではなく、暴力を行使した過去の人々の思考や感情を歴史的文脈に配慮しながら理解できるように、米騒動を批評した被差別部落民の新聞投書を追加した。「今度の暴動で俺等の仲間の或者が或は強盗、放火、掠奪なんかの蛮的行為に出たことは俺自身にも甚だ不届き至極なことであつたと遺憾に思つている」(補注❶)という語りから、米騒動で暴力を行使した人間が道徳規範によって短絡的に否定できる存在ではなく、理解可能な同じ人間であることを生徒は学ぶだろう。そして、米騒動当時に選挙権をもたなかった大多数の人々にとって、政治的な要求を表現する方法が制限されていた時代背景をふまえたうえで、生徒は以下のような被差別者の声を聞くことになる。「俺等は先づ平等な人格的存在権、

平等な生存権を社会に向つて要求するのだ、俺等は今まで奪われていたものを奪い返さねばならないのだ、暴動がいけないのなら他の正当な方法をきかしてくれ、正当な方法による要求を容れてくれ」(補注⓬)。大衆から排斥され、尊厳をふみにじられてきた被差別者の内奥に、「やむにやまれぬ」解放願望が鬱積してきたことを、生徒は見出すだろう。そして、ジグソー活動における対話のなかで、生徒は「聞いた物語を語り、語り直し、そうすることで現在の自分を定義し、定義し直すプロセス(「歴史への真摯さ」)」を経ることになる。こうして自己を再記述するプロセスをくぐり抜けることによって、生徒が「デモとテロ」を注意深く峻別しながら、民衆暴力に内在するデモクラティックな側面への理解を深めたことを、学習後の記述から見とりたい。

　新資料♠は、民衆を朝鮮人虐殺にかり立てた歴史的要因を、構造的・内在的に考察する資料として作成した。そのなかの問1では、「朝鮮人暴動」の流言が事実無根であったこと、流言の流布をはじめ朝鮮人虐殺に官憲が積極的に関与したこと、公権力が民衆の朝鮮人への暴力行使を許可したことなどの歴史事実を確認する。続く問2では、三・一独立運動以来、植民地支配に対する報復への――加害者が被害者に対して抱く――倒錯した恐怖感が日本社会に蔓延していたこと、マスメディアが「朝鮮人は怖い」という「テロリスト」のイメージを拡散したこと、朝鮮人移民が日本人と労働市場で競合したことで憎悪の対象となったことなどの歴史事実から、官民ともに「朝鮮人暴動」の流言をたやすく信じ込み、虐殺を激化させた歴史的要因を多面的に考察する。さらに、第一次世界大戦後、激増した工場労働者のあいだで形成されていた「男らしさ」を価値あるものとするホモソーシャルな文化と、新聞報道の見出し(補注⓭)に現れた「レイピスト神話」が結びつくことで、「性暴力から日本人女性を守るために朝鮮人を殺す」というロジックが出現したことを理解する。そのことによって、民衆がデマによってただだまされただけの客体だったわけではなく、主体的に虐殺に関与していった事実を確認する。そして、朝鮮人虐殺を誇る心理と、警察官(国家権力)に反発する反官意識が、民衆のなかで共存・両立していたこと(補注⓮)を、生徒はジグソー活動で語ることになる。資料♠のナラティヴは、資料♣と資料♥との対話を通して、帝国の最底辺に位置づけられた人々を徹底的に排除し痛めつけたいという欲望と、国家権力に反発し現状からの解放を求めるデモ

クラティックな願望(資料♥)とが、民衆のなかで矛盾せず同居していたことを浮き彫りにし、民衆暴力とは明確に両者を区分して称揚／否定することが困難な「渾然一体」のものであるという認識に、生徒を到達させるだろう。

　最初に共通して配布するプリントでは、授業目標④「現在の「私たち」の社会制度や思考様式にいまだに生きている過去の暴力と差別の伝統に抗する歴史的主体性を獲得する」ことを生徒が達成できるようにするため、新大久保でのヘイトスピーチと関東大震災時の朝鮮人虐殺の記憶をつなぐ資料[補注⑮]を追加した。現在から截然と切り離された過去のできごととして「大衆社会の形成と社会運動の広がり」という概念をただ理解することにとどまらず、生徒が「90年前に東京の路上に響いていた」であろう大衆の叫びの残響を聞きとりながら、過去に連累する倫理的思考力をも獲得できたかどうかを、学習後の記述から見とりたい。

　このように、重要な論点を単独で背負い込んでいたエキスパート資料の視点を、①国家権力に反発し民主化をうながす側面に焦点化するエキスパート資料と、②被差別者を迫害し抹殺する側面に焦点化するエキスパート資料に分解し、ジグソー活動で２つの側面を再統合することによって、民衆暴力の「渾然一体性」を統一的に把握できるような新教材へと改善した。今回の授業改善を通して、授業者が導き出した「授業のコツ」は以下の通りである。

> **私が導き出した「授業のコツ」**
> 　既存のKCJ教材を、生徒の学びの事実をふまえてブラッシュアップする。大きな概念について価値判断を問うような授業の場合には、エキスパート資料を構成する際、各エキスパート資料が提示する視点が焦点化されていくような構成にするのがよい。

4　複数のエキスパート資料に共通のヒントや キーワードをちりばめる

大野直知（東京学芸大学附属高等学校教諭）

P_{lan}　単元計画と授業案

　本校は、広い教養と深い専門性を育てる教育を実践するため、2年次までは すべての科目が必修となっており、3年次では1・2年次でつちかった基礎の うえにおのおのの将来を見すえた授業選択をするというカリキュラムを採用し ている。本校生徒の多くは国公立大学を志望しているため、文理に関係なく地 歴公民科の科目に前向きな生徒が多い。

　担当する歴史総合の授業では、学習指導要領の中項目を1つの単元の単位に 設定して年間計画を作成している。各単元では、1枚ポートフォリオ評価(補注❶) (「学習プロセスシート」と呼んでいる)を活用して、各授業の振り返りや単元を つらぬく問いに対する授業前後の変化を自己評価させている。

〔単元の問い〕 冷戦の終結などを背景として、グローバル化はどのように進み、どのような問題を生じさ せ、それに世界はどう向きあってきたのだろうか。
1　なぜAPECはゆる〜い連携をめざしているのか
2　先進諸国では、経済成長によって「豊かな社会」になるなかで、どのような価値観の変容 が生じたのだろうか
3　変動相場制への移行と石油危機を背景として、どのように経済の自由化が進展したのだ ろうか
4　アジアの経済発展はどのようにして進展したのだろうか
5　冷戦はいかに終焉し、どのような限界があったのだろうか
6　冷戦後の地域紛争はなぜ数多く顕在化したのだろうか。またそれに世界はどう対処して きたのだろうか
7　冷戦の終結前後の時期に世界各国で民主化が進んだのは、なぜだろうか
8　冷戦の終結後、どのようにグローバル化と地域統合が進んできたのだろうか
9　グローバル化や地域統合、民主主義はどのような意味で岐路に立っているのだろうか

　本稿で紹介する授業実践「なぜAPECはゆる〜い連携をめざしているのか」は、 上記の表(補注❷)に示した通り、学習指導要領の大項目D「グローバル化と私たち」 の中項目(3)「世界秩序の変容と日本」の単元のなかの導入という位置づけとな

っている。この授業実践のねらいは、以下の3点である。

①学習指導要領に示されている概念的な知識を獲得する

　学習指導要領の大項目D「グローバル化と私たち」の中項目(3)「世界秩序の変容と日本」において、生徒に身につけさせる知識は以下のように示されている。

　　　(ア)石油危機、アジアの諸地域の経済発展、市場開放と経済の自由化、情報通信技術の発展などを基に、市場経済の変容と課題を理解すること。

　　　(イ)冷戦の終結、民主化の進展、地域統合の拡大と変容、地域紛争の拡散とそれへの対応などを基に、冷戦終結後の国際政治の変容と課題を理解すること。

　このうち、「市場開放と経済の自由化」については、「貿易自由化の推進のための活動や自由貿易協定の締結、アジア太平洋経済協力会議(APEC)などの国境を超えた経済連携の取組などによって貿易や投資の自由化」が進んだこと、「地域統合の拡大と変容」については、「統合された地域内での不均衡の発生や、世界各地域で排外的なナショナリズムが興隆したり地域統合を否定する動きが生じたりするなど、地域統合が新たな問題に直面している点」について扱うことになっている〔補注❸〕。すなわち、世界的に自由貿易を推進して国際分業の利益を享受しようとしてきた歴史的な経緯をふまえつつも、それに対して保護主義的な傾向や反グローバリズムという潮流が存在することについて触れることが求められている。

　本実践では、WTOやAPECを取り巻く国際情勢やAPECの目標という具体的な事象(知識)から、上記のような2つの相反する抽象的な考え方(概念)を習得させたい。

②地理総合や公共の学習内容と関連づける

　歴史総合のなかでも、とくに大項目D「グローバル化と私たち」の学習内容は地理総合や公共と相互に関連性がある。また、上述の通り、本校の生徒は国公立大学志望者が多いことから、理系であっても3年次に地理探究や政治・経済を選択する生徒がほとんどである。これらから、本実践では、歴史総合の教科書ではあまり踏み込んで扱われていないGATTの原則やWTOの例外としてのFTA、自由貿易と保護貿易の特徴、垂直的分業と水平的分業、世界全体の貿易量の推移や地域間の貿易額などをエキスパート資料に積極的に取り入れたい。

これによって、歴史総合の学習内容の理解を補強しつつ、科目の垣根をこえた総合的な知識を身につけさせたい。

③単元の学習内容に関わる生徒の関心やつまずきを事前に認知する

〈理論編①武井〉でも述べられているように、知識構成型ジグソー法（Knowledge Construction Jigsaw method、以下KCJ）の授業の目標は、メイン課題に対する解答の精度を上げることにとどまらず、「目標創出型」のアプローチによって生徒が対話のなかで疑問やつぎに学びたいことを新たに見出すことにもある。本実践では、メイン課題に対して期待する解答はあくまでも「仮のゴール」とみなしているため、各エキスパート資料にはその仮のゴールに直結する内容を厳選せずに、あえて「脱線」や「遠回り」を許容する資料を設定した。加えて、生徒全員が学習前後の記述などを書きとめるプリントの最後に感想欄を設けることで、生徒のつぎのゴールを見とりやすくした。これらから得られた生徒の関心や傾向にあわせて、本単元でこのあと扱う授業内容の精選に役立てたい[補注❹]。本稿で紹介する授業実践の設計図は、次ページに示す通りである。

私が今までのKCJの授業実践のなかで得た知見をもとに、本実践の教材を作成するうえで注意したことは以下の2点である。1つ目は、生徒がメイン課題に入り込みやすくすることである。唐突に「地域統合の問題点は何か」という問いが提示されても、前提知識や興味がない生徒にとっては問いに向かうモチベーションが上がらないだろう。概念的な理解をねらいたい場合であっても、具体的な人物や組織などのように身近なテーマにおきかえた問い方にすることで、問いに主体的に取り組める環境をつくりたい。ゆえに、本実践では「なぜAPECはゆる〜い連携をめざしているのか」という問いを設定した。

2つ目は、エキスパート資料をA4の用紙1枚におさめることである。情報過多のエキスパート資料にするとエキスパート活動やジグソー活動での共有の時間に多くが割かれてしまい、共有した情報を統合するところまでたどり着かずに消化不良となってしまうことが多々あるからである[補注❺]。また、エキスパート資料も共通して配布するプリントもA4の用紙1枚にして両面印刷することで、授業開始時に配布するプリントが1枚のみとなって無駄な時間の削減にもつなげることができる。

〔メイン課題〕
なぜAPECはゆる〜い連携をめざしているのか。
〔授業の目標〕
①世界恐慌後のブロック経済が第二次世界大戦の遠因となった反省から、GATTやWTOにより世界的な自由貿易が推進されてきたことを理解する。
②地域統合が進展すると他地域に対して排他的・閉鎖的になったり、自国の産業を保護・育成したい国が保護主義的な政策をとったりすることを理解する。
③一連の学習の過程で、新たな疑問やつぎに学びたいことを見出す。

♣ FTA・EPAによる地域経済統合	♥ 自由貿易と発展途上国	♠ APECの設立と世界情勢
・第二次世界大戦の反省とGATTの原則 ・WTOの例外としてのFTA・EPA	・自由貿易の利点と国際分業の利益 ・自由貿易の問題点と保護貿易	・ボゴール宣言(APECの目標・基本理念) ・世界の保護主義的な動きの推移

〔学びの予測〕
エキスパート活動
①各エキスパート資料に共通の課題「このエキスパート資料のなかで、本時の問いとの関係性がありそうなことを書き出そう」により、問いに戻って考えている。
ジグソー活動
②「本時の問いについて小グループの考えをまとめよう」という指示により、各エキスパート資料の共有後にそれぞれの情報を統合させている。
③複数のエキスパート資料にちりばめられた共通のヒントやキーワードに気づき、対話によって理解を深めている。
〔仮のゴール〕
① APECは、多角的な(無差別の)貿易自由化というGATT・WTOの本来の目的を全面的に支持しているから。【エキスパート資料♣・♠】
② APECは、地域間の(国家間の・国際的な)対立をまねく恐れがある排他的・閉鎖的なブロック経済の形成に強く反対しているから。【エキスパート資料♣・♠】
③ APECは、自国の産業を保護・育成したい(工業化したい・工業製品の輸入に関税をかけたい)発展途上国に配慮して、先進国と発展途上国で一律に貿易自由化を進めないように(連携を強めないように・異なる目標設定を)しているから。【エキスパート資料♥・♠】
〔単元内での位置づけ〕
単元の導入の授業として、このあとに展開される授業の動機づけとなる。貿易におけるグローバル化の進展や課題を学習する過程で、単元の問いに答える視点の1つを獲得する。

D_o　学びの予測と実際の学び

　本実践の対象は、自分が担当している5クラスである。最初に3クラス(前半3クラス)で実践したのち、教材に軽微な修正を加えて2クラス(後半2クラス)にのぞんだ。前半3クラスはいずれもKCJの経験が2回目だったのに対して、後半2クラスははじめてであった。今回は後半2クラスをおもな分析

対象にした。プリントと生徒同士の対話のみでどの程度まで「仮のゴール」(学習後の記述に表してほしい解答の要素)にたどり着くことができるのかを見とりたかったため、クロストークを含めて授業中に内容に関する生徒への声かけや助言はまったくしなかった。

　記述分析の対象としたのは、後半2クラスの72人のプリントである。学習後の記述については、前述の仮のゴール①～③それぞれの要素が含まれている人数を集計した。感想欄については、生徒が記述した「疑問やつぎに学びたいこと」のうち同類のものをまとめることで、生徒の興味関心の傾向をつかむことにした。

　後半2クラスの生徒72人のうち、学習後の記述で仮のゴール①～③をそれぞれ満たしていた割合は、①36.1%、②81.9%、③70.8%であった。①の割合があまり高くないのが気になるところであるが、後半2クラスはKCJの授業の経験がなく、すべてのエキスパート資料の情報を盛り込まなければという意識が弱かったことや、①の要素(多角的な貿易自由化)が②の要素(ブロック経済に反対)の裏返しともいえることを考慮すれば、授業の目標①②や仮のゴールはおおむね達成されたと考えられる〔補注❻〕。生徒が書いた学習前と学習後の記述例は、つぎの通りである。

生徒	学習前の記述	学習後の記述
A	経済協力のパートナーをつくるためにできたが、各国の方針が一致していなかったから。	ブロック経済は排他的で国同士の対立が起きやすいが、自由貿易を進めすぎると先進国と発展途上国間で技術の格差が広がりやすい。そのため、APECは広い範囲の国で、先進国も途上国も含めて排他的な経済に対抗し、多くの国と貿易することをうながしていると考えられる。したがって、入りやすくするためや、結びつきを強くしすぎないためにゆるい関係をとっていると思われる。

　感想欄に記述されていた「疑問やつぎに学びたいこと」は、おもに以下の3点である。

カ．ほかの地域連携について詳しく知りたい

キ．APECについてもっと詳しく知りたい

ク．なぜ1980年代に保護主義が強くなったのか

　このうち、カについては、共通して配布するプリントの資料「経済統合の諸類型」で経済統合の段階が比較的高次であるEUやMERCOSURについての疑問

がめだった。キについては、APECの会議の内容や課題、APEC参加国間での自由貿易交渉やボゴール宣言に示された目標の達成状況など、APECが実際に今どのように機能しているのかに関心があることがわかった。

　対話分析の対象としたのは、後半2クラスのジグソー活動の小グループである。ジグソー活動の時間はどちらのクラスも15分程度であった。対話分析をする際には、その利便性から映像をともなわないボイスレコーダーが使われることが一般的であるが、今回はジェスチャーや相づちなど非言語のコミュニケーションや指示語が何を指しているのかまで記録したかったため、ビデオカメラを使用した。

　まず、前述の学びの予測①〜③に照らして見とることができた生徒の学びの事実は、以下の3点である。

①ジグソー活動中にメイン課題をつねに意識している姿勢がみられた

　各エキスパート資料の内容を共有する際に、「だからAPECはゆる〜く連携している」と最後につけ加えていたり、各エキスパート資料の情報を統合する過程では、議論がメイン課題からずれた方向に進んだときに「このゆる〜い連携に戻ると」と問いに戻って考えたりすることができていた(学びの予測①)。

②ジグソー活動がエキスパート資料の共有だけで終わってしまう小グループがほとんどなかった

　前半3クラスで実施した際には、ジグソー活動中の生徒の主体的なマネジメントに期待して、たんに「エキスパート活動の内容を共有して、本時の問いについて考えをまとめよう」という指示のみにしたが、結果的にエキスパート資料の共有だけでジグソー活動が終わってしまい、対話が深まらない小グループがみられた。そのため、後半2クラスのプリントには、ジグソー活動の指示を「❶エキスパート資料の共有」と「❷それらをまとめる」の2段階にした。その影響もあって、エキスパート資料の共有に時間をかけすぎずにタイムマネジメントができていたり、エキスパート資料の共有は機械的であっても「じゃあ❷のまとめをしよう」の一言で少しずつ対話が生まれたりする様子がみられた(学びの予測②)。

③別々のエキスパート資料に共通のヒントやキーワードがあることで、各エキスパート資料の関連性に気づく発言につながり、協調学習が引きおこされた

例として、ジグソー活動の小グループXの対話の流れを示したい。小グループXは、最初に♣・♥・♠の順に各エキスパート資料の情報を共有したあとに、資料♣と資料♠の内容が関連していることに気づいた。その後、その内容を自分たちの言葉にまとめていく過程で、つぎの対話に結びついた。

生徒♠：ゆるい連携をしていけば、対立を深めることなく発展していける？
生徒♣：全体的な発展を見込める？　それが自由貿易なのかな？
生徒♥：ただ問題点もあります、みたいな……
生徒♣・♥：（腑に落ちない感じで）あぁ、そういうことか……
生徒♠：あぁ、これはあれだ。え、違うかも。ボゴール宣言っていうのが採択されてて、経済発展の段階のレベルに配慮した貿易自由化の目標ってあって。ここかな……
生徒♣：ほー、うーん……。え？（まだ納得できていない様子）
生徒♠：一応 APEC は、あのー、モノカルチャー経済をしている発展途上国にも配慮しているってことなのかな。
生徒♣：なるほどね、あ、なるほど。この配慮した理由っていうのがそのこっちなのかな？（エキスパート資料♥のプリントを指しながら）
生徒♣・♥：なるほど！
生徒♠：そういうこと。（嬉しそうにうなずく）
生徒♥：つながったね。

　「自由貿易の利点」を生かして世界的に貿易自由化が進められている流れのなかで、一見すると矛盾している資料♥の「自由貿易の問題点」の位置づけを考え直したことで、資料♠にも強調されている「発展途上国の経済発展段階に配慮した貿易自由化」と結びつけて理解を深めていた。この対話から、協調学習が引きおこされたことを読み取ることができる（学びの予測③）。

　つぎに、学びの予測以外で対話分析からみえてきた生徒の学びの事実は、以下の2点である。

④エキスパート資料にキーワードが書かれていないため、その言葉の定義や本質的な概念を説明できていた

　前半3クラスの実践では、資料♥に「モノカルチャー経済」や「南北問題」といった中学生レベルのキーワードが入っていたことで、それらの言葉を使って（知っている言葉を使って満足して）細かい説明を省略してしまい、それがどのようにメイン課題につながるかを説明できていない対話や学習後の記述が見受けられた。そこで、後半2クラスではそれらのキーワードをあえて使わないように修正したため、生徒の対話では本質的な説明ができていた。

⑤「新たな疑問やつぎに学びたいこと」につながる雑談をしていた

小グループYの対話を紹介したい。小グループYは、最初に♣・♥の順に各エキスパート資料の情報を共有したあとに、資料♠の説明の途中でつぎのような対話になった。

生徒♠：あとね、この資料（「新聞報道における「保護主義」に関連する記事割合の推移」）がおもしろいのが、なんか、保護主義って、あの保護貿易に走るみたいな世論になったところの資料があって、この矢印になっているところが……
生徒♣：なんか、すごい、上がってる？（全員で♠の資料をみながら）
生徒♠：そうそう。で、世界恐慌のときにブロック経済で上がって、それでここでGATTが……。で、ここでまたすごい（保護主義的な）世論が高まります。
生徒♣：それはなんで？
生徒♠：わかんないんだよ、ここが。
生徒♥：80年代くらい？
生徒♠：そう、あのー、石油危機かなと思ったけど……
生徒♥：ちょっと違うね。
（このあとエキスパート資料♠の説明に戻るが……）
生徒♠：で、これ、なんで（80年代に）世界的な保護主義の傾向があったのかわからなくて私……
（ECやNAFTAの影響ではないかという議論）
生徒♠：なんかでも、もうちょい決定的な何かがあるはずなんだよ……
（サミットや石油危機の影響ではないかという議論）
生徒♠：石油危機にみんなで対抗しようって開かれたとか……
生徒♥：でもなんかさ、80年代って貿易摩擦とかすごい……
生徒♣・♠：そうそうそう！日米……
生徒♣：それで85年のプラザ合意じゃん。

　小グループYは、このままジグソー活動終了となり、結果的には1980年代の保護主義の原因を追究する議論にジグソー活動の半分の時間を費やしていた。メイン課題には直接は関係しない部分の対話ではあったが、議論は盛り上がっていた。そして、彼らの感想欄の記述をみると、生徒♣と生徒♠が1980年代の保護主義の高まりの理由を知りたいと書いていた。

Check　指導に生かす形成的評価

　ここでは、「Do　学びの予測と実際の学び」で見とることができた学びの事実①～⑤について、分析・評価を試みたい。

　①②からわかることは、プリントやエキスパート資料にメイン課題を意識させるしかけを入れることで、自分自身の思考や小グループの議論が拡散したときにメイン課題に向かってみずから軌道修正できる、ということである。生徒

の対話やクロストークの発言には「ゆる～い連携」という言葉が多用されていて、メイン課題に戻るしかけがうまく機能していたと考えられる。なお、上述のしかけに加えて、前半3クラスから後半2クラスの実施に向けて、学習後の記述の指示を「本時の問いについてあなたの考えを書こう」から「本時の問い「なぜAPECはゆる～い連携をめざしているのか」に対するあなたの答えを書こう」に変更した。前半3クラスの学習後の記述には、問いに正対せずに何となくわかったことをまとめる程度の記述がみられたからである。本来であれば、このようなしかけがなくてもメイン課題の核心にせまってほしいところではあるが、生徒の実態にあわせて必要な足場かけを施すことが肝要である。

　③は、小グループXの対話の一部からもわかる通り、各エキスパート資料に共通項をちりばめることで対話が活発になるということを示唆している。KCJの授業では、各エキスパート資料に別々の情報をわけて作成しなければならないと考えられがちである。しかし、読み取ってほしいことは同じであっても、扱う資料や視点をかえたり、情報量に強弱をつけたりすることによって、別のエキスパート資料にすることは可能である。

　④からは、単語を覚えているからといって、その定義や概念を正確に理解しているとは限らないことを再認識したい。たとえば、「モノカルチャー経済」という言葉の定義や概念を理解している人がその説明を省略して言葉だけ伝えても、相手に十分な理解がないとその本質的な部分が伝わらない可能性がある。この視点は、KCJの授業だけでなく、普段の授業や定期考査の問題作成の際にも参考になるだろう。

　⑤について、「新たな疑問やつぎに学びたいこと」がたくさん生まれて対話にまで発展した小グループがあったことは、各エキスパート資料やプリントに、仮のゴールに直結する内容を厳選せずに生徒が関心を示しそうな部分をあえて残したことが影響していると考えられる。学習後の記述の精度を上げるためには、エキスパート資料の「無駄な部分」を可能な限りカットすることが推奨されることもある。ただ、本実践の授業の目標③や単元内での位置づけを考えれば、たとえメイン課題から「脱線」していたとしても、自分ごととしてとらえた素朴な疑問や他者との対話は、単元全体の学習では、その生徒の学びを深めることになるだろう。まさに、「急がば回れ」と表現することができる。

Action　授業改善と授業のコツ

　単元の導入で取り入れた本実践を出発点に、改めて本単元の計画を練り直した。具体的には、プリントの感想欄に記述されていた「疑問やつぎに学びたいこと」(前述のカ～ク)を一定程度満たすような授業内容を検討・実施した。

　通し番号3(p.40表)の授業では、とくに日米貿易摩擦に重点をおいた授業展開にした。アメリカ合衆国の労働者が日本車をこわしている写真(ジャパンバッシング)を提示して、その理由を日本の貿易収支の推移を示すグラフから考えさせた。また、NHKアーカイブスの「日米経済戦争」というタイトルのニュース動画を視聴させ、昨今の「米中貿易戦争」と表現が似ていることに気づかせた。通し番号5の授業では、冷戦終結前後の国際関係の図を提示して、APECが東西の橋渡しとしての役割も担ったことについて言及した。APECを直接扱う通し番号8の授業では、世界全体の地域統合の取組みについて簡単に紹介しつつ、APECの参加国で進めてきた自由貿易交渉がTPPとして形になったことや、保護主義を掲げるトランプ大統領によってTPPからアメリカ合衆国が離脱したことに触れた。また、ボゴール宣言の目標期限であった2020年のAPEC首脳会議のニュース動画(NHK)を視聴させ、本実践(通し番号1)で共通して配布したプリントに掲載した図(「APECを中心とする国際機構」)を改めて用いてボゴール宣言の達成状況を考察させる問題を提示した。そこでは、APEC参加国でTPPやRCEPなどの自由貿易が進展しつつも、アメリカ合衆国やロシア連邦、パプアニューギニアなどが参加していないという課題を抱えていることを確認した。本単元の最後である通し番号9の授業では、米中貿易戦争に象徴される近年の保護主義的な傾向や反グローバリズムを背景に、グローバル化の未来について議論する場を設けた。

　以上のような流れでPDCAサイクルを回して授業改善を進めてきたが、改めて今回もKCJは「指導と評価の一体化」に適していると感じた。正直にいうと、KCJはメイン課題と各エキスパート資料の絶妙なバランスのうえに成り立っているため、その微妙な調整をするのに授業準備が大変だという指摘は一理あるだろう。実際、自分自身も年間計画のなかでKCJを導入する回数は決して多い方ではない。ただ、前述してきたように、そこから得られる学びは生徒だけで

なく、授業者にとっても非常に大きいものである。今までもKCJの学習後の記述や対話の分析で授業改善のPDCAサイクルを回してきたが、その大小に関わらず、そのたびに学びの予測をこえた学びの事実を見とってきた。その学びの事実から得られた知見は、KCJの授業だけでなく、普段の授業や生徒指導、生徒とのちょっとしたコミュニケーションなど、ほかの教育活動に生かすこともできる。たとえば、前述の学びの事実①②についていえば、論述問題や小論文指導で「問いに正対させる」ことを強く意識させることに加えて、HRにおいて文化祭の出し物を決める話しあいで論点を整理させる際の視点としても有効であろう。

　私が新米教師としてチョーク＆トークの授業をしていた頃に、「生徒目線」が理解できずに悩んだことがあった。今思えば、KCJの授業実践を重ねるなかで無意識のうちに「生徒目線」に立てるようになり、自分の授業スタイルが変化してきただけでなく、生徒に対する接し方がガラッとかわってきた実感がある。「山川＆二宮ICTライブラリ」に掲載されている既存の教材からでもかまわないので、ぜひKCJの授業を実践して生徒の学びの事実を見とり、授業改善に生かしてほしい。

> **私が導き出した「授業のコツ」**
> 　複数のエキスパート資料に共通のヒントやキーワードをちりばめると、協調学習が引きおこされやすい。読み取ってほしいことは同じであっても、扱う資料や視点をかえたり、情報量に強弱をつけたりすることによって、別のエキスパート資料にすることが可能である。

5　生徒の素朴概念に対して繰り返し問い続ける

佐藤克彦（千葉県立津田沼高等学校教諭）

Plan　単元計画と授業案

　本校は公立中堅校であり、ほとんどの生徒が大学進学をめざす。1年生は歴史総合、文系2年生は日本史探究、文系3年生は世界史探究を学習する。

　日本史は通俗的な理解で説明されることが多く、往々にして素朴概念（誤概念）が形成されやすい。そこに授業者としては強い危機感を抱いている。素朴概念（誤概念）がいったん形成されてしまうと、歴史学の研究成果を反映して教科書記述が変化しても、「従来的な理解の方がわかりやすい（覚えやすい）」という理由で、認識はなかなか改まらない。そこで授業者は、中学校までの学習で形成された素朴概念（誤概念）と歴史学における科学的な理解との差異を、生徒みずからが自覚する機会を設ける必要があると考えた。とくに、生徒がこれまでの学校教育のなかで慣れ親しんだ通俗的な理解を、資料を読解して他者と対話しながら教科書記述も含めてとらえ直すことで、より深い理解へと変容させ、批判的な見方を獲得できるようにしたい。ここでは「国風文化」を題材として、その文化呼称と叙述の妥当性を問い直す授業を実践した。

　「国風文化」については、生徒の認識と歴史教科書・歴史学研究とで、その理解に大きな相違がある。授業者はこれまでの指導経験から、生徒は以下のような素朴概念（誤概念）を有していると判断した[補注❶]。

> 　遣唐使の停止と「国風文化」の成立とを直接的な因果関係で理解し、海外との文化交流の途絶（遣唐使の停止）によって「日本独自の文化」が成立すると思い込んでいる。そして、歴史用語は自明であるから覚えるものという認識がある。よって、「国風文化」という文化呼称の特異性に気づかない。

　上記のような生徒の理解は国風文化論と呼ばれ、菅原道真の提起によって遣唐使が廃止されたことで、日本がそれまで重んじていた中国の文物が手に入らなくなり、自国文化がめばえて日本風の文化が成立したというものである。し

かし、このような理解はすでに見直されており、現在の通説的理解をまとめると、おおよそ以下のようになる。

　　菅原道真の建議はあくまで寛平期の遣唐使の派遣を中止するものであり、遣唐使自体の廃止を求めたものではない。唐の滅亡により、結果的に最後の遣唐使派遣計画となったにすぎない。むしろ、同時期は遣唐使とは関係なく、海商による貿易・交通がさかんにおこなわれ、多くの舶来品（唐物）が日本にもたらされた。それらは当時の都の貴族らが選択的に受容し、消費してきた〔補注❷〕。

　また「国風文化」という呼称について、日本や日本風という言葉が感覚的に使用されていたり、近代国民国家によって規定されたナショナリズムと結びつきやすい言説であったりしている〔補注❸〕。これらの問題提起を受けて、昨今では、別の呼称を用いたり、通説を前提として引き続き「国風文化」の呼称を用いたりする動きがみられる〔補注❹〕。高校の歴史教科書からは、遣唐使の停止と「国風文化」とを直接結びつける叙述は消えつつある〔補注❺〕が、依然として実際の授業では通俗的な国風文化論を扱う傾向がみられ、古典などの他教科の教材においては通俗的な国風文化論で作成されている教材も散見される。

　こうした実態は、生徒に歴史用語やその記述の妥当性を考えさせるのによい事例となる。とくにナショナリズムとのつながりが指摘されている「国風文化」の呼称と叙述の妥当性を問い直すことは、近代日本においてナショナリズムがどのように形成されたか、または、どのように教育の場で展開されたかを考えることにつながる。そこで授業では、「国風文化」に関する歴史学の研究成果のみならず、ナショナリズムの概念にも触れることにし、現在の私たちに関わる問いかけにもなることを生徒に意識させようと試みた。

　この実践は、日本史探究における大項目A「原始・古代の日本と東アジア」、中項目(3)「古代の国家・社会の展望と画期」(イ)に相当する主題学習である。ここでは、知識構成型ジグソー法（Knowledge Construction Jigsaw method）を採用した。

$D_。$　学びの予測と実際の学び

　この授業は、高校3年生の日本史Bで実践した。なお、歴史総合は履修して

〔メイン課題〕
10世紀〜11世紀の〇〇文化！？
〔授業の目標〕
①遣唐使の停止以降も民間商船が往来し、そのなかで形成された文化であることを理解している。
②「国風文化」の成立について、同時期のアジアの動向と関連づけて理解している。
③歴史用語が歴史的に形成されていることを理解し、適切な文化呼称を表現している。

♣遣唐使の停止によって、文化が「国風化」したといえるのか？	♥「国風文化」は日本独自の文化であるといえるのか？	♠「国風文化」の呼称は当時から使われていたのか？
・遣唐使中止の建議 ・10世紀以後の東アジア ・『源氏物語図屏風』	・『古今和歌集』仮名序 ・『毛詩(詩経)大序』 ・かな文字 ・アジアの様々な文字	近代・現代年表 ・「国風文化」言説の形成時期(1900年代、1930年代、1950年代)

〔学びの予測〕
学習前の記述
①「国風文化」を通俗的に理解しており、根強い素朴概念をもっている。
エキスパート活動
②問いの反語に着目して、素朴概念を改めようとしている。
学習後の記述
③歴史用語は自明なものではなく、歴史的に形成されたものであると理解している。

〔仮のゴール〕
解答①「国風文化」
　この時期の文化は、これ以前に入ってきた大陸文化を基盤としながらも、みずからアレンジを加え成立した文化である。遣唐使が派遣されなくなってからも大陸文化は貴族社会に受容されており、日本独自に変容しながら内在していくこととなる。戦後の教科書にみられた「国風文化」の定義とは異なるが、それまでの唐風文化に対比する観点から、国風文化の呼称がふさわしい。
解答②(i)「藤原文化」「貴族文化」　(ii)(元号)文化
　大陸文化を基盤としながらも、みずからアレンジを加え成立した文化である。遣唐使が派遣されなくなってからも、大陸文化は貴族社会に受容されており、大陸風でありながら日本風な二元的な文化が成立している。戦後の教科書にみられた「国風文化」ではなく、誤解をまねかないよう、(i)当時の政権、(ii)当時の元号、を冠した呼称と叙述がふさわしい。

〔単元の位置づけ〕
複数の単元をつらぬいて、「日本文化」を考察する機会をたびたび設けている。本時では、生徒に「日本文化とは何か」という疑問を抱かせ、今後の学習への動機づけをしたい。

いない。以下、4クラス140人の生徒が作成した成果物やプリントをもとに分析する。

　学習前の記述の前に、(教科書の)国風文化の説明を読ませ、疑問や違和感を抱いた箇所にマーカーを引かせた。以下は、その集計である(資料1、表1)。

> (a)9世紀後半から10世紀になると、(b)貴族社会を中心に、それまでに受け入れられた(c)大陸文化をふまえ、これに(d)日本人の人情・嗜好を加味し、さらに(e)日本の風土にあうように工夫した、(f)優雅で洗練された文化が生まれてきた。このように(g)10〜11世紀の文化は国風化という点に特色があるので、(h)国風文化と呼ばれる。

資料1　「国風文化」に関する教科書記述〔補注❻〕

	(a)	(b)	(c)	(d)	(e)	(f)	(g)	(h)	総数
個数	2	12	46	42	59	35	0	0	125/140
割合(%)	1.0	6.1	23.5	21.4	30.1	17.9	0	0	100%

表1　生徒が教科書にマーカーを引いた箇所(複数回答可、総数125／140人)

　生徒は、「大陸文化をふまえ」(下線部 c)や、「日本人の人情・嗜好」「日本の風土にあうように工夫」(下線部 d・e)などの表現が気になるようである。他方、「国風化」や「国風文化と呼ばれる」(下線部 g・h)といった記述への違和感はないことがわかる。「日本人の人情・嗜好」「日本の風土にあうように工夫」といった表現にマーカーを引いた生徒は、授業者が想定していたよりも多かった。

　学習前の記述では、ほとんどの生徒が「日本風の」「日本独自の」「日本人による」といった言葉でこの時代の文化を説明していた。遣唐使の停止と国風化を結びつける記述はわずかで、「国風文化」以外の文化呼称を提案しているものも散見されるが、それらは「国風文化」という呼称の課題を指摘したものではなかった(学びの予測①)。

　エキスパート活動では、生徒は問いの反語に着目して素朴概念に疑問をもつと予測した。エキスパート資料♣では、予想通りに民間商人による唐物の流入を重視するクラス(A組)があった一方で、想定に反して遣唐使の停止と国風文化を結びつけるクラス(B組)もあった。エキスパート資料♣に取り組んだB組のプリントをみてみると、12人中6人(エキスパート活動の4つの小グループのうち2つ)が、授業者のねらいに反して唐物の流入による影響を限定的あるいは例外的にとらえ、遣唐使の停止を重視していることがわかった。そのため、B組のクロストークでは12の小グループのうち4つの小グループが「遣唐使」をキーワードにあげ、遣唐使の停止と国風化とを結びつけた説明をしていた。遣唐使の停止を重視する語りと唐物の流入を重視する語りの双方が出たため議論する機会は得られたが、生徒の素朴概念は、それを反語で問うてもなお表出していることがわかる(学びの予測②)。

　ジグソー活動では、ホワイトボードに意見をまとめさせた。参考までに、生

A組			B組		
	文化呼称	キーワード		文化呼称	キーワード
1	融合文化	かな文字、唐物、近代ナショナリズム	1	唐基文化	唐、貴族、かな文字
2	日唐文化	唐との対比、唐の影響大、商船	2	日本風文化	中国文化の模倣、貴族の個人貿易、戦時中のナショナリズム
3	貴族文化	唐物、影響、かな文字	3	美国風文化	国風×、独自×、後づけ
4	唐日文化	私貿易、かな文字、ナショナリズム	4	日本風唐文化	かな文字、和歌、漢字
5	日本風大陸文化	純粋な日本文化ではない 国風文化という名前は後づけ	5	日唐文化	中国、日本、唐文化
6	つけ加え文化	他国との交流、唐の衰退、ナショナリズムの高まり	6	日唐文化	遣唐使、ナショナリズム、かな文字
7	国風文化	日本人の好み、かな文字、国交断絶	7	日中文化	中国、日本、遣唐使
8	日本文化	唐の商船、アレンジ、ナショナリズム	8	唐和文化	中国、遣唐使、和風
9	混合文化	かな文字、唐物、ナショナリズム	9	日唐文化	唐、文字、戦争
			10	独自文化	民族、ナショナリズム、かな文字
			11	対唐文化	唐の衰退、民族意識、アレンジ
			12	日工文化	ナショナリズム、かな文字、遣唐使の廃止

表2　生徒がホワイトボードに記した文化呼称とキーワード（数字は小グループ）

徒がホワイトボードに記した文化呼称とキーワードを一覧にした（表2）。

　学習後に書かせた感想には、「国風という言葉について考えたことがなかったが、いろいろな背景があって名づけられた」「国風文化ということばを疑問に思ったことはなかったが、今回で考えるきっかけとなった」という意見がみられた。歴史用語を考えさせるきっかけとなった（学びの予測③）。

　学習後の記述では、140人中131人が、文化の「日本化」「国風化」「独自化」「日本にあうように」という言葉を用いて記述していた。学習前の記述の際に教科書の「日本の風土にあうように工夫」という記述に違和感をもった生徒が、学習後の記述では「……中国を完全に真似しているわけではなく、一部改変していたり、内容は同じであったりして、日本になじみやすいように変えている」（下

線部授業者)と記述している。唐文化を基軸としながらも、そのなかに「国風文化」を位置づけ、「日本化」「日本風」というあいまいな表現を用いて説明している生徒もいた。

Check　指導に生かす形成的評価

　生徒は、学習前の記述において、「国風文化」の説明で「日本人の人情・嗜好」や「日本の風土にあうように工夫」に違和感を抱いておきながら、「日本化」「日本にあうように」などの表現を使って学習後の記述をおこなっていることがわかった。河添房江は、日本史教科書における国風文化の記述について、「日本人の人情・嗜好」「日本人の考え方や生活」「日本人の感覚や感情」「日本文化」などの表現があり、これらが自明のものとして記述され、受け手の想像にゆだねられる形で「国風文化」の定義がなされていることを指摘する〔補注❼〕。河添の指摘は、生徒の学習後の記述にも同じことがいえ、日本的という言葉で日本文化を説明できたかのように思い込んでいると分析できる。

　エキスパート資料♣に取り組み、素朴概念を表出させた生徒のなかには、入試科目としての日本史を得意とする生徒が多くいた。これまでの歴史学習でつちかわれた知識の暗記が染みついていると考えられる。ここには、学習した(覚えた)歴史が正しい歴史であるという認識から、批判的に検証しようとしない姿勢が読み取れる。今後の授業では、その歴史用語が適切かどうかを判断させる学習課題を繰り返すことに加え、生徒自身が説明する言葉自体にも批判的に検証する姿勢を育むことが必要になろう。

Action　授業改善と授業のコツ

　「国風文化」の授業では、生徒が「日本文化を日本的という言葉で説明できたかのように思い込んでいる」という課題が浮き彫りになった。その後、室町文化の授業では、「「侘び」「寂び」って日本独自の文化なの?」という学習課題を設定し、先の課題に取り組む機会をもった。

　授業の導入では、「国風文化」の授業で生徒みずからが書いた学習後の記述を再度自分で読む時間を設けた。つぎに前述の河添の指摘を提示して、日本的という表現の定義があいまいなまま使用されていることに気づかせた。日本への

禅宗の流入や広がりをまとめたり、当時の東アジアのなかでの禅宗文化を比較したりしながら、「侘び」「寂び」が日本的と判断できるか、日本的という言葉がどのような定義で使用されているのかを対話的に学ぶ時間を用意した。授業のあとには、つぎの課題を生徒に課した(補注❽)。はじめに「国風文化」および室町文化の叙述についてその課題を指摘した文章を読ませ(補注❾)、「Q1. 日本文化について考えるとき、どのような視点をもつことが重要と考えられるか、論じなさい」「Q2.「国風文化」と「室町文化」とを学習して、「日本文化」に関して理解が変化したことを書きなさい」の2点についてレポートを書かせた。

　Q1については、「日本的で済ますのではなく、その文化ができた当時の視点をもつこと」「海外との関係の変化のなかで自国のあり方も変容しているという点を重視するべき」などの意見があった。他方で、「用語に疑問をもつこと」「日本的という言葉がどこからもち寄られたのかに注意する視点」など、歴史用語の成立にふみ込む生徒もいた。Q2については、以下のレポートの記述のように、「外国との関係の遮断を要件として日本文化が形成される」という認識が改められたことがうかがえる。また、「むしろ何をもって日本風といってよいかわからなくなった」という記述もめだち、この授業実践で批判的に検証するきっかけを生徒に与えることができたといえよう。生徒は、日本文化について悩み考えるようになり、少しずつであるがその理解に深まりをみせている。以下、生徒によるレポートの一例を掲載する。

生徒	レポートの記述
A	Q1.「本質主義」にあらわれているような、日本文化の基底部にはいつもかわらない「日本的なるもの」が流れているという考え方は、一種のナショナリズム的なものの見方である。いまも昔も人々はよりよいものを受け入れていくにもかかわらず、当時の日本人が唐物をすばらしいと考えていたことを無視し、中国との関わりが薄れたことで本来の日本の文化が花開いたのだとするのは、無意識的に自国賛美の本心があらわれてしまっているのではないだろうか。したがって、日本文化について考える時には、現在の価値観や自身の価値観をもち込まず、その当時の価値観を通して考えることが重要だと考えられる。…… 　Q2. まず、中国の影響がこれまで大きいものであるとは思っていなかった。日本は島国であるから、比較的に独自性の強い文化をもっていると考えていたが、いまはとてもではないが、そうはいいがたい。また、この学習を通して、日本文化とは何か物的なもの、たとえば「茶」や「侘び」「寂び」などではなく、そのよいと思ったことは受け入れ変容させ、いつの間にかそれが日本文化となっているあり方なのではないかと思った。

日本文化を取り上げるにあたり、対外的な影響を考察せず、日本文化を所与のものとして語る生徒の根強い素朴概念を目の当たりにした。生徒はそれまでの経験から多くの素朴概念を有していて、1回の授業で大きく認識を変容させることはできなかった。しかし、生徒の対話やプリントの記述から授業改善のヒントをみつけ、生徒へ繰り返し問いかけることで、素朴概念に疑問をもつ生徒も現れ始めた。

　この授業実践を通して導き出した授業のコツは、素朴概念に繰り返し問いかけることである。複数の単元をつらぬいて問い続けることで、生徒が批判的に検証することの大切さに気づき、より深い理解へとつながっていくだろう。

私が導き出した「授業のコツ」

　生徒の素朴概念は、1回の授業では変化させることが難しい。繰り返し反語的に問い続けることによって、批判的な思考力を育むことができる。

6　エキスパート活動でモヤモヤさせ、ジグソー活動を活発化させる

杉本祐輝（埼玉県立深谷高等学校教諭）

Plan　単元計画と授業案

　本校は、3割が大学進学、4割が専門学校、3割が就職をめざす進路多様校である。大学進学は、学校推薦型が中心で、一般入試を受験する生徒は少ない。基礎的な学力が身についていない生徒も多く、授業の難易度設定は難しい。

　授業者の目標は、歴史修正主義に負けない生徒を育てることである。歴史修正主義は、現代的な諸課題の1つに数えることができる。今でもプロパガンダに歴史が利用され、現在の政治的な利益にもとづき歴史が「修正」され続けている。「社会と歴史がどのように関わっているのか」を問うことは、現代的な諸課題に向きあうことといえるだろう。

　授業者は、これまで史実を大切に授業してきたが、担当したある生徒から卒業式に手紙をもらって以降、史実を大切にするだけでは足りないのではないかと葛藤するようになった。ヒトラーがユダヤ人を虐殺したのは嘘なのではないか、世界史の教科書には大衆が気づかない嘘があるのではないか、というのがその手紙の内容である。歴史修正主義的な意見を生徒から突きつけられ、大きな衝撃を受けた。この生徒に「それは史実ではない」というのは簡単である。しかし、この生徒は教科書記述そのものを疑っており、史実を述べただけでは納得しないだろう。2年間にわたって受けもった生徒であり、いつしかその意見に寄り添って問題を解決したいと考えるようになった。

　従来、このような歴史修正主義に対しては、史実による反論がなされてきた。しかし、歴史修正主義は止むことなく、今でもそうした発言をよく見聞きする。歴史学者のテッサ・スズキによれば、史実（事実）を提示するだけでは歴史修正主義への対抗には限界があるため、私たちがいかに歴史を理解してきたのかを考えることが必要だという〔補注❶〕。

　授業者は、授業において社会と歴史がどのように関わっているかを問うこと

が有効ではないかと考えている。この問いに、歴史学が歴史像を生産し、一般の人々がその歴史像を消費する関係性だけで答えるには限界がある。しかし、歴史が生産されてから消費されるまでのあいだに「歴史認識が形成されてきた過程」、いわば歴史が「流通」する場面がある。「流通」とは、歴史学だけでなく、大河ドラマや歴史漫画などのフィクション作品や社会で残り続けている古い学説、地域の祭りや観光などを通じて人々が歴史像をつくり上げていることを想定している。歴史が「流通」してきた場面を意識することによって、歴史修正主義を批判的にとらえる見方・考え方が身につくと考えている。具体的にいえば、なぜ私はヒトラーのユダヤ人虐殺が嘘だと考えるに至ったのか、といったん立ち止まって考える生徒を育てたい。

　このような問題意識から、「なぜ、（サブカルチャーで）日本の中世に興味が集まっているのだろうか？」「私たちは、『平家物語』という作品を後世に残す努力をするべきか？」など、歴史が流通する場面を考える授業をおこなってきた。

　今回、小単元化したのは「鎖国」である。歴史教育での「鎖国」の扱いを整理した小山幸伸は、義務教育で「4つの口」が扱われており、「鎖国」下で対外関係が続いていたことが国民的常識になっていくのではないかと述べている〔補注❷〕。しかし、授業にあたり、「4つの口」がすでに国民的常識になっているのか不安であったため、「鎖国とは何か。30字以内で説明してください」と事前にプリントに記述させた。不安は的中し、「貿易禁止」「他国と貿易を禁止すること」と多くの生徒が解答した。歴史が得意な生徒でも、「キリスト教の取締りや植民地支配をめざす列強諸国から身を守るために特定の国以外とは貿易しないこと」と解答しており、小山が述べるように「4つの口」が国民的常識になっているとはいえない状態が明らかになった。生徒は依然として、「江戸時代は、国を閉ざしていた」と理解している。「鎖国があったからこそ日本独特の文化が育ったのだ」や「鎖国があったからこそ日本はヨーロッパにおくれをとったのだ」というナショナリズムに結びつく恐れがある〔補注❸〕。

　授業者は、1枚ポートフォリオ評価を活用している〔補注❹〕。1枚ポートフォリオ評価とは、学習前に「単元の問い」に取り組み、授業の終わりに「授業で一番大事だと考えたこと」を記録し、単元の最後にもう一度「単元の問い」に答える学習方法である。この学習過程が1枚の用紙で展開し、「単元の問い」に答えて

〔メイン課題〕
　なぜ、哲学者の和辻哲郎は、現在では批判されるような「鎖国」論を生み出してしまったのだろうか？　歴史の解釈はどのようにして生み出されるのだろうか？

〔授業の目標〕
①和辻が、なぜ「鎖国」を日本の悲劇と呼んだのかを考えるなかで、1950年代における西欧中心的な見方の限界をとらえ、歴史記述は書き手が生きる時代の影響を受けやすいことを理解する。
②生徒が単元前にもっていた「鎖国」イメージよりも、現在の「鎖国」論はほかの地域に開かれていたことを理解する。

♣和辻が『鎖国 日本の悲劇』を書いた時代はどんな時代か？ ・年表（満洲事変〜サンフランシスコ平和条約） ・日米の主要生産高比較 ・アジア・太平洋戦争の被害	♥なぜ、和辻は「鎖国」を日本の悲劇と考えたのか？ ・和辻『鎖国 日本の悲劇』 ・敗戦と鎖国の関係	♠なぜ、和辻は４つの貿易窓口を考慮しないのか？ ・和辻『鎖国 日本の悲劇』 ・世界のGDPシェア ・江戸時代の「４つの口」

〔学びの予測〕
エキスパート活動
①二択を活用し、小グループ内で選択が異なる場合にその根拠を確認しあう。
ジグソー活動
②対話を通じてエキスパート資料から得られた理解を共有し、ほかのエキスパート資料と組みあわせることで、エキスパート資料の最後の問題に答えられることに気づく。

〔仮のゴール〕
　和辻は、第二次世界大戦でなぜ西洋に敗れたのかを考え、鎖国による科学的精神の欠如に原因があるとした。しかし、実際には「４つの口」があり、対外的な関係は江戸時代にも継続していた。

〔単元内での位置づけ〕
　江戸時代の対外関係について理解を深め、「鎖国」＝「国を閉じている」という素朴概念を改めさせる。

いくことで生徒は学習内容・メタ認知を深めることができる。本単元では、下記の問いで江戸時代の対外関係を理解させる計画を立てた。

　本稿では、単元最後の知識構成型ジグソー法（Knowledge Construction Jigsaw method、以下KCJ）による授業実践を取り上げる。

　1950年代まで、「鎖国」は日本にとってよかったのか、それとも悪かったのかという語りが中心であった。鎖国＝悪かったと考える論者に和辻哲郎がいる〔補注❺〕。和辻は、日本が敗戦に突き進んだ原因を科学的精神の欠如とし、近世ヨーロッパで育ちつつあった科学的精神が「鎖国」により日本で育たなかったと主張している。「鎖国」の歴史的理解が時代的背景のなかで形成されたことをわ

〔単元の問い〕	
江戸時代の日本は「鎖国」といわれるけど、どの程度、国を閉じていたのだろう？	
大航海時代／ザビエル	なぜ、西洋は日本にやってきたのか？ OPPAの事前予測
キリスト教の受容と禁教	日本は、キリスト教を受容したのか？
「鎖国」への道のり	なぜ、いわゆる「鎖国」と呼ばれる状態になったの？
アイヌ	アイヌとの関係はどのようなものだったのか？
琉球・朝鮮	なぜ、対馬は、朝鮮王国と幕府とのやり取りの手紙（国書）を改ざんしていたのだろうか？
OPPAのまとめ	
「鎖国」の語り（本時）	なぜ、哲学者の和辻哲郎は、現在では批判されるような「鎖国」論を生み出してしまったのだろうか？　歴史の解釈は、どのようにして生み出されるのだろうか？

かりやすく示す事例といえよう。授業では、これまでに学習した江戸時代の国際関係に着目し、「鎖国」理解が流通する場面を考察し、「鎖国」に対する私たちと和辻とのとらえ方の差異を考えることで、「4つの口」を理解させたい。

　教材を開発するにあたって、どのように3つのエキスパート資料をつくるかが深い学びを実現するうえで大切である。以前、「なぜ、室町時代の琉球王国は栄えていたのか？」というKCJを用いた授業で、自分のエキスパート資料から答えられなくもないが、正解という感覚が明確にもてないモヤモヤする問題を載せた。ほかのエキスパート資料との結びつきに気づかせるためである。その結果、授業ではつぎのような対話がみられた。

生徒A：最後の問題がわからなかったんだけど……
生徒B：とりあえず、いってみ。
生徒A：なぜ、琉球は他国よりも頻繁に明と貿易できたのだろう？って問題なんだけど。
生徒B：それ、さっきオレがいったやつじゃん。つながった。

　その後、生徒Bは、生徒Aに対してどのようにつながるのかを説明していた。話し手と聞き手が固定化されずにつぎつぎと入れかわり、建設的相互作用を引きおこすKCJの強みが発揮されていた。この経験をふまえ、今回の実践でも、エキスパート資料の最後の問題はほかのエキスパート資料と組みあわせることで答えられるものにした。

D_o　学びの予測と実際の学び

　エキスパート活動では、最初の4分間は個人で課題に取り組ませた。その後の3分間は小グループで学んだことを共有した。

生徒♠は、江戸時代の貿易相手をまとめる問題の作業量が多く、和辻の態度を考えさせる問題や最後の問題「和辻さんは、なぜ、ヨーロッパに着目したのだろうか？」を処理しきれていなかった。江戸時代の貿易相手をまとめさせたのは、知識を整理して和辻の考えを批判させるためである。また、「2023年に生きる私たちは、和辻さんに比べてアジアへの関心が【大きい／小さい】」という二択の問題では、意見がわかれる小グループがあった。「私も（アジアに）関心ないけどさ、（アジアのGDPが）上がっているからさ〔補注❻〕」と、根拠にもとづき意見を述べる生徒もいた（学びの予測①）。

　生徒♣は、最後の問題「和辻哲郎は、なぜ、日本が戦争に負けたと考えたのだろうか？」が、資料♣のみで「日本は、物量で敗れた」という説得力のある解答をつくれてしまった。生徒は、小中学校でも第二次世界大戦について学んでいる。そのなかで物量の差による敗北は語られてきたのだろう。そのため、モヤモヤした感覚にはならず、ジグソー活動でも資料♥で読み取った「科学的精神の欠如」と結びつかずに、クロストークに至っても「日本は物量で負けた」という解答が否定されずにそのまま残っていたと思われる（学びの予測②）。

　学習後の記述では、「科学的精神や物資がないため太平洋戦争に負けた」と並置するものが多かった。授業者は、物量の差があるにもかかわらず戦争に突入したのは、科学的精神の欠如に原因を求めることを想定していた。授業者の想定や和辻の考えからはズレるが、歴史的事実として、「物量の差」が敗戦の理由であると考えることには問題がない。このズレは授業者の反省としてとどめ、生徒にズレを埋める指導はおこなわなかった。

　生徒♥は、予測通りに答えていた。最後の問題「和辻の『鎖国 日本の悲劇』には、朝鮮、琉球、アイヌと江戸時代にも交易が続いていたことが描かれていません。なぜ、私たちは、授業で学んだにもかかわらず、これらの人々との交易には関心がないんだろう？」で、「ヨーロッパ文化は発達していたけど、ほかの地域は進んでいなかった」とまとめた小グループがあった。西洋中心的で、和辻になぞらえるような意見である。しかし、ジグソー活動で生徒♠により批判され、学習後の記述では意見を修正していた（学びの予測②）。

　授業者は、小グループでの活動中には、ほとんど机間巡視をおこなわなかった。机間巡視をすると、「先生、あってますか？」と声をかけられ、生徒間での

対話をさまたげることが多い。声をかけられても、ほとんど返事をしないでいる。「対話をしよう」などの声かけも対話をさまたげるためおこなわない。全体を俯瞰できる位置で1つの小グループの対話をメモしている。対話での望ましい態度を記録し、エキスパート活動からジグソー活動へ移る節目などで、「○○さんが、資料を相手に向けて指差しで説明していたね。ボディーランゲージも大事だよ」「○○君が、相手の説明で「わかった」という顔をしていて、説明した人はうれしいと思うよ。みんな真似してほしい」とフィードバックしている。

ジグソー活動では、「和辻がいうとね」と相づちを打ったり、「和辻はこの本を戦後に書いた」といったときに「戦後」のイントネーションを上げたりするなど、対話のなかで重要な点を強調して理解する様子を見とることができた。

クロストークでは、聞き手が主役であることを強調した。発表はランダムに指名し、生徒には大きな声で発表させ、授業者が1文ごとに同じように繰り返している。主役は聞き手であるから、聞き逃さないようにするためである。理解不足や知識の誤りがあれば、「○○という意見が含まれていましたが、今の意見を否定する資料があったよね。1分間で探してごらん」とジグソー活動の小グループに戻す問いかけもおこなっている。今回は、「和辻は西洋みすぎ」という意見が出たので、「和辻が西洋中心に考えていたということだね」と強調して繰り返した。

Check　指導に生かす形成的評価

資料♣に取り組んだ生徒はクロストークでも意見が変化しなかったが、資料♥に取り組んだ生徒は意見が修正されていた。資料♣に取り組んだ生徒の多くは、「日本は物量で負けた」という考えに自信をもっている様子だった。そのため、クロストークでも生徒♣の意見が疑われることなく受容された。一方、生徒♥は正解の感覚をもてずモヤモヤしているため、自信をもって意見を伝えることができず、ジグソー活動で検討する空気が生まれた。実際、生徒♥が説明し終わると、生徒♠が「質問なんだけどさ」と生徒♥からより情報を引き出そうとしていた。生徒♥の意見が検討されることで、資料♠により資料♥に取り組んだ生徒の意見が修正されていったのである。

ジグソー活動は、情報共有の場面であり、正解を伝えあわなければならない

と考える授業者は多い。しかし、ジグソー活動は、メイン課題に協調して答える場面である。生徒が、対話を通じて意見を変容させ、答えにたどり着くことが重要である。エキスパート活動でモヤモヤすることで、対話により考えを煮詰めたいという姿勢が生まれるのではないだろうか。

　ジグソー活動後の議論が和辻の視点であるという前提が共有されていたのは、エキスパート課題の主語を和辻で統一したからではないか。これにより私たちの「鎖国」に対する理解と和辻の「鎖国」に対する理解を区別して考えることが可能になっていた。本実践の授業目標①について、「和辻は西洋みすぎ」という発言を強調したこともあり、生徒はつぎのような考察を書くことができた。

生徒	学習後の記述
C	和辻は、ヨーロッパを大きく見すぎていたため、ヨーロッパを神格化まではいかなくても、日本よりもかなり上と見ていた。そのため、太平洋戦争で日本が負け情けない姿をさらしたのは、ヨーロッパが科学的精神が成長していた江戸時代に鎖国し、最先端の文化や精神を取り入れなかったからだと考えました。

*A*ction　授業改善と授業のコツ

　「エキスパート活動でモヤモヤさせ、ジグソー活動を活発化させる」というコツを得てから、エキスパート資料をこえた学びに向かおうとする態度が顕著にみられるようになった。今回の授業では、クロストークで「発表したい」と述べた生徒に発表をうながした。「鎖国で日本の科学的精神が欠如したというのはおかしい。鎖国のせいで負けたの関係なし。積極的な開国で文化を取り入れている。日露戦争もそれで勝った。鎖国関係なく強くなった。第二次世界大戦の敗北は、調子乗っちゃったせい。列強に入って調子乗ってアメリカを怒らせた。原因は鎖国ではなく調子乗ったせい」と述べた。この発言はエキスパート資料にもとづいておらず、授業者の意図からはずれていたが、敗戦原因を「鎖国」と考えるのはおかしいという主張は、鎖国を日本の特殊性やナショナリズムに結びつけることを批判したものである。授業目標からはズレるが、和辻を批判するという学習の文脈からすれば、好ましい意見だとも評価できる。和辻は、西洋は300年かけて科学的精神を生活に浸透させたのだから、江戸時代の250年間の影響が大きかったと考えており、この意見も補足として紹介した。

　歴史が「流通」してきた場面を考えるためにエキスパート資料の課題の主語を

明確するというコツを得た。だれの考えなのかを明確にすることで、どのような時代背景によってその意見が生まれたのか、なぜ私たちはその意見と異なる考えなのかを自然に問うことができる。自然な問いであればこそ、エキスパート課題で答えられないことがよりモヤモヤにつながるのではないだろうか。

　表題のコツを見出す前は、このような資料をこえた議論に発展することはなかった。コツを見出すきっかけになった琉球王国のKCJでも、「倭寇とは何か？」「倭寇は、なんで琉球を襲わないのか」など、資料をこえた疑問をもち、ジグソー活動の対話で考察していた。次回は予定を変更し、そのクラスのみ「倭寇」の調べ学習をおこなった。生徒の答えたいという気持ちは、以前にも増して高まってきているように思う。自分に与えられた資料で答えられるのか不安な気持ちが、ほかの資料と結びつけて「わかった」と思えることで解消し、さらに理解を深めようとする雰囲気が生まれてくるのではないだろうか。

> **私が導き出した「授業のコツ」**
>
> 　エキスパート資料の問題は、エキスパート活動中にすべて解けなくてもよい。答えられなくもないが、正解という感覚をもちづらいモヤモヤ感を与えることで、ジグソー活動での対話は活発化し、ほかの資料との相互の関係性に気づきやすくなる。

7　ホワイトボードを活用し、認知の差異を見とる

武井寛太(埼玉県立与野高等学校教諭)

P_{lan}　単元計画と授業案

　本校では、8割以上の生徒が大学進学をめざしているが、一般入試を受験する生徒は多くない。世界史探究は、2年生と3年生ではそれぞれ3単位、さらに3年生では学校設置科目3単位が加わり、合計で9単位が設けられている。

　学習指導要領では、以下に示すように、学習内容と学習過程の構造が記されている。授業のねらいは、用語などを知識として記憶することではなく、歴史的な見方・考え方を働かせながら概念を習得することとされ、その実現によって「公民としての資質・能力」を育成することが目標とされている。

　(3) 諸地域の歴史的特質

　ア．次のような知識を身に付けること。

　　……唐と近隣諸国の動向などを基に、東アジアと中央ユーラシアの歴史的特質を理解すること。

　イ．次のような思考力、判断力、表現力等を身に付けること。

　　東アジアと中央ユーラシアの歴史に関わる諸事象の背景や原因、結果や影響、事象相互の関連、諸地域相互の関わりなどに着目し、主題を設定し、諸資料を比較したり関連付けたりして読み解き、唐の統治体制と社会や文化の特色、唐と近隣諸国との関係、遊牧民の社会の特徴と周辺諸地域との関係などを多面的・多角的に考察し、表現すること。

　学習指導要領に示された「公民としての資質・能力」を育成するため、世界史探究において、民族、性差、経済的格差といった様々な多様性を主題にした単元を構成し、現代的諸課題の解決をめざす探究的な学習を計画した。探究的な学習を実現するには、1回の授業だけではなく、単元を通して理解を深めていけるような授業計画が求められる。そこで授業者は、まず「公民としての資質・能力」を育むために「単元をつらぬく本質的な問い」を設定し、授業ごとに「単元

をつらぬく本質的な問い」を考察するためのメイン課題を掲げ、独自に開発した「デジタル単元学習シート」を用いて歴史的な見方・考え方を育んでいくことにした[補注❶]。

　p.70の表に示した通り、「なぜ「各国史」ではなく「諸地域の歴史」なのか」という単元をつらぬく本質的な問いを設けることで、たんに古代の歴史を学ぶのではなく、羽田正が提起した「自と他を区別する世界史観の克服」をめざす主題学習へと昇華させ[補注❷]、国民国家史観を打ち破る歴史認識の獲得を目標として定めた。本稿で扱う「諸地域の歴史的特質」は、現代からかけ離れているため、「公民としての資質・能力」の育成をめざす授業が難しいとされる。しかし、歴史認識に焦点を当てることで、遠い過去と現代との関わりを生徒に実感してもらう授業が展開できるだろう。

　本稿では通し番号4(p.70表)の「なぜ「中国史」ではなく「東アジア史」なのか。隋唐帝国が東アジアに与えた影響は何か考えよう」をメイン課題とする知識構成型ジグソー法(Knowledge Construction Jigsaw method、以下KCJ)による授業を取り上げる。このメイン課題は、単元をつらぬく本質的な問いの考察に直接的に結びつき、自と他の違いを強調する各国史ではなく、東アジアという空間軸で諸地域の歴史をとらえようとする問いである。

　この問いと資料の選定にあたっては、学習者一人ひとりが自分なりの知識を構成していく過程でつぎに学びたいことや疑問を見出していく「目標創出型」のアプローチを意識した。益川弘如は、学習教材が「目標創出型」になっているかを判定する基準の最終段階として、つぎの基準をあげている[補注❸]。

　　　考えるためのヒントになる材料や資料を渡す。学習者はそれら各資料を
　　俯瞰して比較参照したり統合することが可能で(構成的になっていて)、学
　　習者なりの考えを創り出すことができる。また、さらなる疑問や問いが生
　　まれる。

　そこで本実践では、日本・渤海・新羅の3地域を個別に学ばせるだけでなく、それぞれの地域をチベットと比較させることで東アジア全体の特色を見出せるように各エキスパート資料を工夫した。ジグソー活動では、日本・渤海・新羅の3地域を比較させ、対話を通じてそれらを統合することで、隋唐帝国が東アジアに与えた影響を生徒の言葉で理解させたい。

〔メイン課題〕
なぜ「中国史」ではなく「東アジア史」なのか？　隋唐帝国が東アジアに与えた影響は何か？
〔授業の目標〕
①隋唐帝国の影響で、日本・新羅・渤海などの東アジア諸国は漢字を媒介として暦・律令・漢訳仏教・都城制などの諸制度を取り入れたことを理解する。
②東アジアの国々とチベット（吐蕃）とを比較することで、東アジアでは「漢字文化圏」としてのまとまりのある歴史的空間が形成されたことを理解する。
③上記の理解を通じて、各国史ではなく、東アジアという空間的なつながりを意識して歴史を理解する視座を獲得する。

♣朝鮮半島　新羅	♥中国東北地方　渤海	♠日本列島　日本
・漢訳仏教の朝鮮伝来 ・チベット（吐蕃）との比較	・官僚制・都城制・元号 ・チベット（吐蕃）との比較	・均田制・租調庸制・律令制 ・チベット（吐蕃）との比較

〔学びの予測〕
エキスパート活動
①東アジア諸国の特徴を明らかにするために、東アジア諸国とチベット（吐蕃）とを比較している。
ジグソー活動
②東アジアの３カ国を比較し、地図で位置関係を確認しながら、その共通性を見出している。
③ホワイトボードへの書き込みで対話が生まれ、対話によって理解を深めようとしている。
〔仮のゴール〕
　隋唐帝国の影響で、日本や新羅、渤海などの東アジア諸国に官僚制や律令制、漢語に翻訳した仏教などの諸制度・文化が広がった。それらは漢字を媒介としており、漢字文化圏が成立した。
〔単元での位置づけ〕
　東アジア文化圏という視点から、北方遊牧民などを含む「東部ユーラシア」という地域概念を用いて世界史を理解する。そのうえで、「なぜ「中国史」ではなく「東アジア史（東部ユーラシア史）」で学ぶのか」という問いの考察を深める。

　もう１つの問いである「なぜ「中国史」ではなく「東アジア史」なのか」は、エキスパート資料ではあえていっさい触れなかった。通し番号１〜３の授業で学習した知識をもとに考察したり、学習の見通しをもって予想したりすることで、学習者なりの考えをもたせ、さらには新たな疑問や問いが生まれるように導いた。

　単元の最後におこなう授業（通し番号11）では、私たち市民の歴史認識が現代社会におよぼす影響を考察させることによって、自と他を区別して排外主義につながりやすい国民国家史観の克服をめざし、異文化理解に根差した多様性への対応力を育むことを最終目標とした。

〔単元の問い〕
諸地域にはどんな特色があるか。また、なぜ「各国史」ではなく「諸地域の歴史」なのか。

1	北魏	「中国史」って「中国人の歴史」じゃないの？　鮮卑が髪形をかえた理由を考えよう。＊
2	魏晋南北朝	「中国史」って「中国人の歴史」じゃないの？　隋・唐が「拓跋国家」と呼ばれている理由を考えよう。
3	隋・唐	「中国史」はどのように描かれてきたのか。また、どんな問題点がみられるか。
4	東アジア文化圏	なぜ「中国史」ではなく「東アジア史」なのか？　隋唐帝国が東アジアに与えた影響は何か考えよう。＊
5	唐	私たちはどの視点から歴史をみているの？　東部ユーラシアの視点から歴史をとらえよう。
6	遊牧国家	私たちはどの視点から歴史をみているの？　王昭君はなぜ悲劇のヒロインとして描かれるの？
7	南アジア	なぜ教科書は「インド史」ではなく「南アジア史」なの？
8	東南アジア	なぜ東南アジアは「各国史」で説明することが難しいの？
9	東南アジア	東南アジアの王はなぜ権力を握ることができたの？　東南アジアの主体性に気づこう。
10	イラン	なぜ国民国家史観が生まれるの？　「イラン人のイラン史」を事例に考えよう。
11	単元をつらぬく本質的な問いの考察	なぜ諸地域の歴史として学ぶ必要があるの？　歴史認識はどんな問題を現代社会に引きおこしうる？ 　　　①正史が捨象する歴史 　　　②ジェンダー視点で歴史を読みかえる 　　　③自と他を区別する世界史観の克服

＊は知識構成型ジグソー法による授業

D. 学びの予測と実際の学び

　エキスパート資料には足場かけの問いを設けていたため、ほぼすべての生徒がエキスパート資料の内容を理解できていた。エキスパート活動の小グループでも、東アジア諸国に漢字が伝わっていったことを説明している場面を確認できた（学びの予測①）。ジグソー活動では、授業者が想定した通り、エキスパート資料に付された問いを説明しながら東アジア諸国の特徴を話しあい、地図を指さしながら西のチベット（吐蕃）と東の朝鮮・渤海・日本を比較して、仏教が伝来するルートを地図に書き込む様子もみられた（学びの予測②）。対話に聞き入ると、♣・♥・♠を順に報告する小グループが多いなか、生徒がエキスパート資料を説明しているあいだにも、「同じだ」「それって平城京のことだよね」などと相づちを打つ生徒がおり、伝達にとどまっていない様子も確認できた。

残り7分ほどで、ホワイトボードに書き始める小グループが出てきた。前年度まで、クロストークは口頭報告だったが、報告に備えてあらかじめ文章を書き込む生徒が多く、対話によって理解を深める様子がみられなかった。KCJは、対話によって理解が深まっていく建設的相互作用を引きおこすことに主眼をおいた授業法であるため（〈理論編①武井〉を参照）、書き込みに時間が割かれて対話がうながされないのでは、同手法の効果を減退させてしまう。そこで、ホワイトボードを導入し、対話して考えたことを協力しながら書くという学習活動を取り入れた。この方法によって、対話がよりいっそう活発になった（学びの予測③）。多くの小グループは、対話のなかで東アジア諸国の共通項を見出し、ホワイトボードに書き込んでいた。なかには、はじめは新羅・渤海・日本をそれぞれ別々に書き込んでいたものの、チベット（吐蕃）と比較することで、「チベット以外、漢字をとり入れている」と共通項を見出せた小グループもあった。

C_{heck}　指導に生かす形成的評価

　ホワイトボードを導入した目的は対話を活発化させることにあったのだが、授業を進めるなかで、生徒の認知がよりいっそう見とりやすくなることにも気がついた。つぎのホワイトボードの記述は、チベットを東アジアに位置づけるか否かの見解が、小グループによって異なっていたことを示している。

ホワイトボードの記述	
X	• 東アジアは唐の文化をとり入れていた（官僚制や漢字、律令制、均田制）。 • チベットは東アジアに入っておらず、独自の文化であった。 　→文化や政策は唐を参考にしているが、漢字をとり入れていなかった。
Y	• 制度や文化を積極的にとり入れていた。とくにチベット以外の国は、漢字を積極にとり入れた。

*X・Yは小グループ

　小グループXはチベットを「東アジア」に属さないと考えているが、小グループYはチベットと朝鮮・渤海・日本を一つの文化圏に属するものという前提のもとでその差異を論じている。ほかのクラスでは、「チベットは東アジアですか」と質問してくる生徒もいた。メイン課題の「なぜ「中国史」ではなく「東アジア史」なのか」を念頭に、チベットを歴史的にどう位置づけるかにまで考察をめぐらせていたようである。授業者としては、東アジア諸国の共通項を浮き彫りにするため、チベットを比較対象として取り上げたのだが、生徒の学びは授業

者の予想をこえて、チベットの歴史的位置づけを考察するところにまでおよんでいた。生徒の考察や理解は多様であり、授業者の予想とは異なる過程をたどることがよくある。唯一の正解を一様に表現させる「目標到達型」ではなく、「目標創出型」を意識した授業づくりをしてきたからこそ、こうした生徒の学びを引きおこすことができたといえよう。

　ほかには、東アジア諸国の共通項のみならず、「新羅は骨品制という独自の文化を用いた」と独自性を強調する生徒もいた。さらに、文化の受容について、「主体的にとり入れたのか」「影響を受けっぱなしだったのか」と議論を深める小グループもあり、みずから学びを深めようとする姿勢が複数確認できた。

Action　授業改善と授業のコツ

　クロストークでは、生徒の考察を一通り共有し、生徒の学びの事実をふまえて、「チベットは東アジアなのか」と問うことにした。東アジア文化圏は漢字文化圏とも呼ばれることを説明し、その枠組みならばチベットは東アジアに位置づけられないが、そうなると世界史におけるチベットの位置づけはどうなるだろうかと問いかけた。授業の終わり5分間で、メイン課題の考察を記述させた。生徒の学習前の記述・学習後の記述は以下の通りである。

生徒	学習前の記述	学習後の記述
A	制度とか都づくり、技術などが伝わった。五重塔とか平安京とかに似てるのがある。	隋唐帝国は栄えており、渤海・新羅・日本は唐の官僚制度や都のつくり方、元号制などの中国文明を積極的に自国にとり入れた。冊封を受けていた渤海においては朝貢使節が栄えた長安をみ、そこでみたものを自国へともち帰り長安をもとに都をつくった。日本でも平安京は長安のように基盤の目状に区切られており、唐が日本にあたえた影響がよくわかるだろう。五重塔のような仏教遺跡、唐のような官僚制度もあることから、唐は国の基礎となることのおおもととなっていた。 　また、チベットでも三国と同じように、漢訳仏教や唐の文化などはとり入れられていた。しかし、彼らはインドからも仏教を直接受容したり、唐に留学生を送り文化をとり入れはしたが、律令の編纂はおこなわず、漢字も定着させなかったりと、あくまでも独自の文化を発達させていた。 　東アジア圏を漢字文化圏とするならば、漢字を定着させずもちいなかったチベットは東アジアに属さないということになる。しかし、チベットが隋唐帝国から制度をとり入れていることはたしかである。そうなると、私たちのとなえる東アジア圏というくくり自体を見直すべきなのかもしれない。

次回は、「私たちはどの視点から歴史をみているの？　東部ユーラシアの視点から歴史をとらえよう」（通し番号５の授業）というメイン課題を提示して「東部ユーラシア」を空間的にとらえる授業を予定していたが、生徒の関心にあわせてチベットを強調する導入に変更した。授業の冒頭で、「チベットは東アジアなのか」と再び問いかけ、現在はチベットが中華人民共和国に属していること、17世紀末にポタラ宮殿が完成したこと、18世紀に清朝がチベットを支配したことを紹介した。さらに、単元内で扱っていた習近平の演説を示し〔補注❹〕、「8～9世紀のチベットは中国の歴史に含まれるのか」と問いかけた。そのうえで、「東部ユーラシア」という地域概念を紹介し、中国中心史観を批判的に検討しながら、ソグド人の活躍、唐・チベット（吐蕃）・ウイグル帝国の対立を扱った。

　文化受容の「主体性」については、東南アジア史の授業（通し番号９の授業）で「インド化」を考察させ、東南アジアは隣接する大国の影響を受けているだけで主体性がないという考え方を批判的に検討させる問いと資料を追加した。

　このように、ホワイトボードやジグソー活動の対話から生徒が授業者の予想をこえて学んだ事実をつぶさに見とることができたからこそ、目標を高く設定し直すなど生徒の学びに応じた授業が可能となった。「指導と評価の一体化」は、KCJのように、生徒の学びの事実を多様に見とることができる授業をおこなうことによって、より柔軟に実現することができる。

> **私が導き出した「授業のコツ」**
>
> 　ホワイトボードの活用は、対話の時間を確保するだけでなく、生徒の学びの事実を見とりやすくする。その結果、授業展開や問いを生徒の学びに対応させやすくなり、「指導と評価の一体化」がより柔軟に実現できる。

8　生徒のクロストークへの介入によって、深い学びを実現する

佐伯佳祐（広島市立舟入高等学校教諭）

*P*lan　単元計画と授業案

　本校は、前身の広島市高等女学校時代を含めると80有余年の伝統と歴史を有する学校であり、県内では有数の進学校として知られている。2年生で世界史探究が3単位、3年生では学校設定科目として世界史研究が4単位の合計7単位が設けられている。

　今回小単元化した内容は、大項目C「諸地域の交流・再編」(2)結び付くユーラシアと諸地域(ア)より、「西アジア社会の動向とアフリカ・アジアへのイスラームの伝播」である。この内容は、旧課程「世界史B」においては、7世紀から15世紀頃までのイスラーム史をひとまとまりとして学習していたものが、新学習指導要領で、大項目B「特質」とC「交流・再編」において、別々に学習することになった点が大きな相違点である。大項目Cにおいては、海域と内陸にわたる諸地域の交流と交易の広がりを構造的に理解することをねらいとしているので、大項目Bで扱ったイスラームの「特質」が、諸地域とどのように交流し、それによって、諸地域とイスラームにどのような変化が生じたのかを史資料をもとに考察する単元を構想した。

　この学習を通じて、特定の地域の特質は、必ずしも固定的・閉鎖的・不変的なものではなく、交流を通じてたがいに影響をおよぼしあう、流動的・開放的・可変的なものであったことを理解することができる。とくに、イスラームについては、その宗教的・政治的「特質」に対する偏見も大きいが、「イスラームは他の宗教と異なった特別な信仰体系だ」という、その「枠組み」への偏見もまた大きい[補注❶]。ある特定の空間を「イスラーム世界」などと一般的に呼称し、そこに一定の宗教的特質が一様に維持され続けているというような見方は、国民国家史観で古代中世史をとらえることと同様にかたよった見方といえる。

　そこで小単元の問いとして、「伝統を重んじるイスラームって、ずっと「かわ

〔メイン課題〕
　スーフィズム（イスラーム神秘主義）とは何か？　なぜそれが、イスラームの伝播に役立ったのか？

〔授業の目標〕
①史資料をもとに、ほかの宗教や民族との交流のなかで、イスラームも信仰の形態を多様化させてきたことを理解し、スーフィズムの概念や歴史的意義について、自身の言葉で表現することができる。
②上記の理解を通じて、イスラームへの固定的な認識を更新する。

♣キリスト教徒って、「敵」じゃなかったの？	♥「偶像崇拝禁止」って、絶対じゃないの？	♠スーフィズムって、「邪道」なの？
・スーフィズム誕生期におけるほかの宗教からの影響や類似性、共存関係	・スーフィズムの伝播にともなうイスラームの寛容化、地域文化との融和	・知的活動と身体的実践の関係性、保守層への反論

〔学びの予測〕
エキスパート活動
①スーフィズムは誕生、伝播の過程でイスラームに寛容さをもたらし、ほかの民族や宗教と相互的に影響しあっていたことを資料から発見している。
ジグソー活動
②各資料の共通点を探りあう対話のなかでスーフィズムへの理解を深め、概念を定義しようとしている。メイン課題に答えるために、ほかの宗教や民族との関係性に触れる解答を意識している。

〔仮のゴール〕
　スーフィズムは、形式的なことよりも内面的な信仰の深まりを重視する思想であり、そのために儀礼や修行といった身体的な行為を重視する。多くの場合、それは音楽や舞踊をともなう。キリスト教をはじめほかの宗教の影響を受けて生じたものもあり、伝播した諸地域の土着の習俗や儀礼を理論的に正当化し吸収していくことで、イスラームに宗教としての寛容さを与えた。文字の読めない人々にとっても信仰を受け入れやすいものとし、イスラームの伝播に大きく貢献した。

〔単元内での位置づけ〕
　寛容さや柔軟さがイスラームを普遍宗教に拡大させたことを知り、「原理主義」的過激派の考え方への反論の可能性を探る本質的な問いへの考察を深める。

らない宗教」だったの？」を設定する。この単元では、イスラームがその拡大・伝播の過程で、どのような民族・文化・宗教と衝突・融和・共存してきたのかを考察し、イスラームが諸地域に信仰という影響を与えつつ、イスラームも地域の民族的・宗教的特質の影響を受け、宗教的・政治的・文化的に変容していったこと、「イスラーム圏」として地図上に表現された地域にも必ず非ムスリムが居住していたこと、商業を通じたほかの地域との交流が活性化していったこと、科学や学問的知見は境界をこえて共有され・伝播していったことなどを理解し、「イスラーム世界」的な見方を解体することをめざしたい。

大項目Cの問いを表現する活動においては、「交易の拡大、都市の発達、国家体制の変化、宗教や科学・技術及び文化・思想の伝播などに関する資料を活用」することが求められているので、諸地域の交流・再編を読み解く観点が入るように留意し、単元を構成した。また、単元末には生徒が「私たち」の視点から小単元の内容を学んだ意義を見出せるよう、現代的な現象としての「原理主義」（イスラーム復興運動）をあげ、保守的で「かわらない」ことを是としてしばしば過激な行為に訴える彼らへの反論を考えさせる問いを設定した〔補注❷〕。

〔単元の問い〕
　伝統を重んじるイスラームって、ずっと「かわらない宗教」だったの？
〔単元の問いに向かう視点〕
　イスラームは、その拡大・伝播の過程で、どのような民族・文化・宗教と衝突・共存・融和してきたか？

1	「イスラーム帝国」の解体後、イスラームは「だれのもの」になったといえるだろうか？（民族・国家体制の視点）
2	スーフィズム（イスラーム神秘主義）とは何か？　なぜそれが、イスラームの伝播に役立ったのか？（宗教・思想の視点）
3	なぜ、イスラームの諸都市には、多様な「人」や「物」が集まっていたのだろうか？（交易・都市の視点）
4	中世科学の発達において、なぜ「翻訳」がカギになったのだろう？（科学・技術・文化の視点）
5	「厳格」と「敬虔」に相関性を見出そうとすることには、どのような危険性があるだろうか？（本質的な問いへの接続）
6	〔本質的な問い〕 　私たちは、「原理主義」的過激派の暴力や抑圧に抗議・反論しうるか？

　本稿では、通し番号2(上表)の「スーフィズム（イスラーム神秘主義）とは何か？　なぜそれが、イスラームの伝播に役立ったのか？」という知識構成型ジグソー法（Knowledge Construction Jigsaw method、以下KCJ）の授業実践を取り上げる。スーフィズムは、この小項目で扱う時代に生まれた信仰形態であり、現代に至るまでイスラームを普遍宗教として拡大させてきた重要な要素である。それでいて、スーフィーたちの儀式や舞踊は、生徒たちのイメージする「典型的なイスラーム」とはおそらく異なったものである。生徒の素朴概念をゆさぶりつつ、スーフィズムが生まれ広まっていく過程で諸民族や諸宗教とイスラームが交流してきた歴史を学ぶことは、「イスラーム世界」という閉ざされたイメージを解体するための大きな視座を与えてくれる。

　さらに、スーフィズムは、保守的な層からはつねに批判にさらされてきた側

面があり、またこれに対し力強い反論を展開してきた歴史がある。このような側面を知ることで、神に近づきたいという共通の信仰心を根本にしつつも、寛容さや柔軟さをもち、形態を多様化させながら拡大してきたイスラームの千年以上にわたる歴史の実態をつかみ、本質的な問い（通し番号6）について考える足がかりを得られるのではないかと考えた。

　本実践では、エキスパート資料を大きく「スーフィズムの誕生」「スーフィズムの伝播」「保守層への反論」という3要素で視点を分割して作成した。各資料には、イスラーム伝播以前の諸地域の宗教や土着の信仰、儀礼などとの交流の諸相がちりばめられている。これら「他者」と時に共存しながら、また時に融和しながら、柔軟にほかの民族や宗教の特質を吸収しつつ拡大していったイスラームとスーフィズムの実態について、生徒たちが対話のなかで検討し、自分たちの言葉で表現していく構成的な学びを期待したい。

　授業の最後には、現代のトルコにおいて、「進撃の巨人」「NARUTO-ナルト-」「鬼滅の刃」といった日本のアニメが大人気を博しており、その背景にスーフィズムにおける「型」を重視する修行の考え方、師と弟子の間柄といった要素があることを紹介する〔補注❸〕。「私たち」とは異なる存在としてムスリムをみようとするのではなく、ムスリムと「私たち」の共通項を見出そうとする姿勢こそ、この単元を通じて育みたいものである。

D. 学びの予測と実際の学び

　授業の冒頭では、スーダンのスーフィーたちの舞踊の映像を視聴させた。そのうえで、「あなたのイスラームのイメージとどう異なっていましたか？」と問いかけると、「堅苦しさがない」「楽しそう」「音楽とかリズムというイメージがなかった」などの声があがった。その後、本時で扱うスーフィズムが、この時代に生まれた新しい信仰の「形態」であると説明した。あえて「形態」であることを述べ、「宗派」ではないことを強調しておく（板書もして残しておいた）。

　エキスパート資料の素材は、歴史の概説書や入門書からの引用であったため、一読で理解することには難しさもあったようである。このような場合、足場かけの問いの設定が有効である。ここでの足場かけの問いとは、授業者が着目してほしいポイントや資料のエッセンスをみつけやすくするような、あるいは難

しい概念を自身の言葉でいいかえさせるような問いである。

　たとえば、エキスパート資料♣において、イスラームが定着するまでのバグダードにおけるイスラーム教徒とキリスト教徒の関係性が書かれた部分にマーカーを引かせ、「キリスト教徒がイスラームに改宗するうえで、スーフィズムの存在はどのような役割を果たしたといえますか？」という問いが設定されていることで、エキスパート活動の小グループでは「ムスリムもキリスト教徒も一緒に楽しむ祭りがあったんじゃねぇ（じゃねぇ、とは広島弁の語尾）」「もともとあった行事を取り込んだけぇ、キリスト教徒にとってもイスラームが受け入れやすくなったんかね？」などの対話がみられた（学びの予測①）。

　ジグソー活動では、生徒は想定通り、各資料の共通点を見出していった。たとえば、資料♣と資料♥では、聖者の墓廟への参詣や聖木崇拝といった土着信仰の理論的正当化という共通項がある。資料♥と資料♠では、舞踊や音楽をともなう身体的行為の重視によりアラビア語・アラビア文字を用いない地域や階級の受容促進という共通項がある。これらについて、生徒たちは対話をするなかで、「それって結局、メッカとかから遠くにおった人らに受け入れやすくなったってことじゃろ？」「文字を読むことを強制せんっていうのは、当時の一般人たちには魅力よね」などと自分たちの言葉で咀嚼する様子がみられた（学びの予測②）。

　一方、資料♠にある、スーフィーたちも学問的イスラームに対抗しつつ、専門的な知識を身につけ、高度な教育システムを整備していたという要素がジグソー活動のなかで存在感をみせない。メイン課題にそのまま答えるだけならばこの要素は捨象されても仕方がないのだが、スーフィズムがたんに「本来のイスラーム」から離れていくような、「なんでもあり」の「似非イスラーム」のようなイメージをもたせてはならない。また、本時の学びが単元のなかでどのような位置づけをもっているのかについては、授業者による「介入」をしてでも理解させたい。このことを念頭におきながら、ジグソー活動中に各小グループの状況を巡視し、クロストークで発表させる小グループを選択していく。

C_{heck}　指導に生かす形成的評価

　授業者の場合、ジグソー活動中に以下3通りの小グループを探しておく。

- つたない言葉でありながらも、本質的なことを短く表現してくれそう
- 解答に必要な情報を(あるいは不必要なことも)網羅的に話しながら説明してくれそう
- 端的にまとめて模範解答に近い表現をしてくれそう

　このような小グループが必ず毎時間生まれるとは限らないが、このような3通りの小グループを順に当てて発表させることで、理解に苦しんでいる生徒やわかりそうでまだ不安を抱えているような生徒にとって役に立つクロストークになる。以下は、実際に発表してくれた3つの小グループについて、雰囲気や表現を残しつつその発表内容をまとめたものである。

	クロストークの発表内容
W	スーフィズムは、生まれたときにキリスト教の修行の影響を受けたり、広まるときにヒンドゥー教の音楽を重視する風土に影響を受けたりしていました。あと、聖木を拝むのは偶像崇拝にあたる可能性があるけれど、これを<u>上手に正当化してOK</u>にしました。音楽も本来のイスラームにはなかったはずなのですが、インドとか音楽が昔から盛んだった地域ではそれ自体が修行になって<u>OKになりました</u>。そういった意味で、スーフィズムはほかの民族や宗教との関わりのなかで、各地の伝統的なものと<u>融和しやすい</u>空気をつくっていました。だから、イスラームの伝播には非常に役に立ったといえます。
X	スーフィズムは、形式的なことよりも、内面の信仰のあり方を重視する信仰形態です。私たちはとくに、「<u>人々に文字を読むことを強制しない</u>」というところが重要だと思いました。イスラームは、この時期に大規模に信者を増やして広域に広まっていったと思うのですが、『コーラン』を読もうにもアラビア語がわからない人たちがたくさん出てきたはずです。インドに伝わるときには、もともとインドの人々はヒンドゥー教のバクティの影響で音楽や舞踊が盛んでしたが、彼らの要素と融和しながら、文字を用いずに神を感じる方法としてスーフィズムは有効だったと思います。ほかにも、キリスト教徒の祭りをともに楽しんでいたイスラーム教徒たちもいて、儀礼や祭りは文字を読めなくてもわかりやすいのでスーフィズムはこういったものを正当化していきました。<u>アラビア語を母語としない様々な民族にイスラームが伝播していく過程で、スーフィズムは大きく貢献した</u>と思います。
Y	スーフィズムは、「形」よりも内なる「心」の面を重視し、身体的行為や修行により神に近づこうとするものです。話しあうなかで重要だと感じたのは、<u>スーフィズムはイスラームに寛容さを与えた</u>ということです。旧キリスト教徒の祭りの話とか、聖者の墓廟への参詣とか、聖木崇拝とか、旧ヒンドゥー教徒の音楽とか、いろいろイスラームになかったような要素でも、地域や民族の風習をやみくもに否定せずに取り込んだというか、<u>吸収しながら多様化していった</u>ということだと思います。だから、ほかの宗教や民族の人たちも、違和感なくイスラームに改宗できて、イスラームの爆発的な伝播の背景になったといえます。先ほどの小グループにつけ加えると、そもそもこの時代にはアラビア語圏にも文字を読めない人は多かったはずなので、<u>階級をこえて布教が進んだ</u>という意味においても、スーフィズムはイスラームの伝播に役立ったと思います。

＊W・X・Yは小グループ

このクロストークの発表のなかで、授業者はすでに「小さな介入」をおこなっている。発表内容のうち下線を施した部分は、発表生徒がその部分をいい終わるタイミングで、授業者があとに続けてリピートして発音した部分である。生徒の発言のなかから、本時のねらいに到達するためにとくに重要な部分や、生徒ならではの表現が出てきた際は、このように授業者がリピートするようにしている。こうすることで、クロストーク中にメモをとっているほかの生徒たちに重要な部分を伝える支援をするとともに、メモしやすいように時間をとることができる。また、発表者にとっても、これから話していくことの方向性が間違っていないということが暗に伝わり、肯定的な空気感のなかで自信をもって発表が続けられることになる。

　これは、授業者が経験上見出した「コツ」の1つである。本書の〈理論編①武井〉には、協調学習がおきやすい学習環境の条件に「答えは自分でつくる、また必要に応じていつでもつくり変えられる、のが当然だと思える」というものがあるが、この「小さな介入」は、授業者の期待する答えを示唆するためにおこなうものではなく、生徒たちの自由な表現を許容する雰囲気をつくるためにこそおこなうものであると理解いただきたい。このような「小さな介入」も手伝って、おおよそこの3つの小グループの発表でメイン課題に答えるための要素が出そろったといえる。あとはクロストーク中にとったメモをもとに、文章をそれぞれに再構成して記述させれば、メイン課題に答えることができるだろう。

　本時のねらいは達成できそうではあるものの、この時点では、資料♠の内容が欠落していたり、情報として浮いてしまっている小グループが多い。これは、生徒たちがメイン課題に答えることである程度満足し、単元の視点から本時の内容をみる姿勢が不足しているからではないかと考えられる。授業後の成果物を待たずとも、クロストークのなかである程度生徒の学びを見とり、形成的評価をおこなうことで、軌道修正のための指導を授業内で講じることもできる。

　単元の目標には、「原理主義」的抑圧に反論する本質的な問いについて考察することをすえており、しばしば保守層の批判にさらされながらも発展・拡大してきたスーフィズムは、大きな視座を与えてくれる教材である。本時のねらいが達成できそうな手ごたえを得たうえで、学びを深めさせるような発問があれば、単元との関わりをより深く考察させることができるかもしれないと考えた。

Action 授業改善と授業のコツ

　そこでつぎに、クロストークに許された残りの時間を用いて、授業者は「大きな介入」をおこなうこととした。生徒たちに問いかける。

> スーフィズムがイスラームの伝播に役立った理由はある程度わかりました。さらにもう一歩踏み込みたいのですが、「スーフィズムってちゃらちゃらした亜流だよね」「スーフィズムって結局イスラームとはいえないよね」といった批判が存在するとしたら、どのような反論が可能ですか？　これについて、もう一度小グループで話してみてください。

　本時の目標に到達が難しそうな場合や、ある程度到達しそうだがもう一歩深い学びに至らせたい場合、このように授業者から新たに問いを与えて、ジグソー活動の小グループに「差し戻し」の議論をさせることがある。これは、授業者が答えを説明したり模範解答を示したりするのではなく、あくまで生徒が自分で答えをよりよいものにする学びを支援するためにおこなうものである。時間にして2分程度であるが、浮いていた資料♠の担当者を中心に再度検討がおこなわれる。そして再びクロストークに全体を戻し、理解に至っていそうな小グループを指名した。すると、つぎのような発言が出てきた。

	クロストークの発表内容
Z	（黒板に残った「形態」の文字をみながら）先生が授業のはじめにいわれたように、スーフィズムは宗派ではなく形態なので、内容的にイスラームの教義をゆがめようとしているわけではないです。むしろ、学問的知識に秀でたスーフィーもいて、そういった人たちがきちんと理論化してから地域の習俗を取り込んでいます。神に近づきたいという信仰心の部分では保守的な人たちと一緒で、知識的な部分と身体的な行為とを組みあわせてそれをめざしている、ということだと思います。

*Zは小グループ

　この発言は、授業者の発問に対応して資料♠の内容を上手に抽出したものであるが、単元の目標や本質的な問いについて考えるうえで重要な指摘である。知的活動と身体的実践の両輪で発展してきたイスラームの本質をつく発言ではなかったかと評価している。そもそも、五行の1つである礼拝をとっても、イスラームでは本来的に身体的実践を重視していることがわかる。授業者からはそのような話をつけ足した。用意していたトルコの大学生たちのなかで日本のアニメが大人気になっているという話も、修行や師弟関係を重視するスーフィズムが背景にあるという説明が生徒たちには自然に受け入れられ、ムスリムをより身近に感じさせることに一役買った。

生徒	学習前の記述	学習後の記述
A	神への信仰を示すために踊っている？ さまざまな衣服の人が自由に踊っているため信者が増加しやすい。	スーフィズムは、内なる「心」を重視する信仰形態であり、内面的信仰や修行、儀礼をおこなう点で、『コーラン』の精読やイスラーム法などの形式を最重要視する学問的イスラームに対抗していた。スーフィズムには、地域の既存の信仰・儀礼を認める寛容さや、それらを理論的に正当化することで信仰形態を明確にしたようなわかりやすさがあった。音楽や舞踊を修行の一部とみなすなどの要素があったため、異教徒にとってもわかりやすく、音楽を信仰表現として重視するヒンドゥー教徒や、一緒に音楽や祭りを楽しんでいたキリスト教徒の中にも改宗する人が多くいた。また、スーフィズムには知的活動もあったし、形式的には異なっても信仰心は変わらないため、「邪道」ではなく、「新しいイスラームの信仰方法」といえる。
B	神への感謝などを踊りで表現している。音楽文化を取り入れた？	スーフィズムは、形式よりも内面的なあり方を重視する信仰形態である。各地の民族の伝統的な祭りや音楽、踊りを取り込むことで、人々にとってイスラームを親しみやすいものにし、異教徒の改宗を進めた。また、文字を読むことを強制しない点で、アラビア語圏以外の人々や、様々な階級の人々にイスラームを伝える役割を果たした。保守的な勢力からは「邪道」との批判もあったが、イスラームの教義を歪めているわけではなく、信仰の形態が多様化したものといえる。
C	イスラームの文化の魅力をほかの宗教の人々にアピールするために踊っている。	イスラームは周辺民族や異教の伝統的な祭りや風習、踊りや音楽を取り込みつつ拡大してきた。その過程でそれを上手に正当化する役割をはたしたのがスーフィズムである。学問的な知識や形式よりも、内面的に神を感じるための身体実践を重んじたので、異教徒にとってイスラームをわかりやすく、また寛容なものにしたといえる。

　生徒の解答を回収して評価すると、小グループZの発言にみられるような内容を盛り込んでいない生徒が半数程度みられた（上表、生徒C）。そもそもメイン課題にそれを答える要素を入れていないのだから当然といえば当然であるが、単元と各授業のつながりを意識させることの難しさと重要性を再認識する。単元の問いや本質的な問いについて、本当の意味で生徒たちに「考える価値」を感じさせるためには、1回の授業で指導を完結させるのではなく、単元を通じた継続的な働きかけが必要になる。

　そこで、KCJを用いた授業（通し番号4）では、クロストークの際に再び「大きな介入」をおこなった。「今回の科学の話や、以前のスーフィズムの授業をふ

まえると、宗教とか国境って、資料集では歴史地図上で色分けされて明確に示されているけれど、これは当時の庶民の感覚をどの程度反映できたものだと思いますか？」という問いかけで再議論をしてもらい、単元で問い続けているテーマを示した。通し番号 5 の授業では、授業者自身とエジプト人ムスリム女性とのインターネット上のメッセージの往還を生徒たちにみせた。強い信仰心をもちながら、現実のエジプト社会で抑圧や生きづらさを感じている女性の葛藤にスポットを当て、生徒たちに、彼女を苦しめているものは何か、問いかけた。彼女自身は、それは「イスラーム」ではなく、「エジプト社会」であると表現する。信仰心に尊卑はない。形態を多様化させながら柔軟に拡大・繁栄してきたイスラームの歴史を学ぶことは、現代でも「厳格」を大義に過激な主張や抑圧をおこなう勢力に対して反論の根拠を用いうることにつながることを感じさせ、単元と各授業の学びを本質的な問いの考察に接続させた。

> **私が導き出した「授業のコツ」**
>
> クロストークへの授業者による補助的な介入は、授業のねらいへの到達や単元における本時の位置づけを明確にするうえで有効である。生徒の発言の重要な部分や興味深い表現を授業者が繰り返したり、追加の議題を与えて差し戻しの議論をさせたりするなど、大小様々な介入により生徒の学びをサポートすることができる。

9　「導入ジグソー」で視点やキーワードを獲得し、学習の見通しをもたせる

松木美加（神奈川県立横須賀大津高等学校教諭）

Plan　単元計画と授業案

　本校は、9割の生徒が大学進学をめざす中堅校である。学校行事や部活動に積極的に参加し、根は真面目で素直な生徒が多い。1年生で歴史総合2単位、2〜3年生で世界史探究それぞれ3単位（計6単位）が設けられている。2年で文系・理系がわけられ、7割程度が文系、うち3割程度が世界史を選択している。

　学習指導要領によると、世界史探究の大項目BからDは、歴史総合で学習した「資料から情報を読み取ったりまとめたりする技能」や「問いを表現する」学習などの成果をふまえて、世界の歴史の大きな枠組みと展開を構造的に理解することができるように、生徒が歴史をとらえる切り口である観点にもとづいて考察し問いを表現して、課題意識や学習の見通しをもたせつつ、その後の学習が展開する内容となっているが、1つの大項目で扱う時代・地域の範囲が広いという点で歴史総合と異なっている。1つの大項目を1つの観点にもとづいて考察する活動は、世界の歴史の大きな枠組みを構造的に理解するという点では効果的といえるが、時代や地域の個別性を理解するという点では難しさを感じる。

　また、学習指導要領では、大項目BからDまでの中項目の構成について、授業者は「(2)、(3)及び(4)の学習において、生徒の表現した問いを基に主題を設定したり、学習過程において生徒の表現した問いに触れたりするなどの学習活動を行うことを想定して、大項目の学習全体を見通した指導計画を工夫することが大切」であると述べられている。教科書記述のあらゆる点を網羅的に学ばせていては、「歴史は暗記」と思われてしまう。網羅主義・暗記主義から脱した歴史の授業には、軸となる問いやテーマが必要不可欠である。そこで、中項目(2)のうちの小項目（あるいは教科書の章）ごとに身につけたい・意識したい視点をメイン課題として、知識構成型ジグソー法（Knowledge Construction Jigsaw method、以下KCJ）で考察させる「導入ジグソー」を組み込むことにした。このねらいは、「導入ジグソー」で

〔メイン課題〕
　13世紀の活発な東西交流は「何」によってもたらされたのだろう？

〔授業の目標〕
①唐の滅亡により、唐を中心とした東アジアの国際関係が崩れて諸地域の自立化が進み、遼・金・元などの進出につながったことを理解する。
②宋の開封のように、運河・水運を通して諸都市の繁栄が結びついていたことを理解し、モンゴルが諸地域を支配したことで陸・海のネットワークが結びついたことに気づく。
③上記の理解を通じて、13世紀の東西交流が、諸地域の情勢変化（再編）のうえに成り立っている構造を理解する。

♣モンゴルは何を支配したの？	♥中国の諸都市はなぜ繁栄した？	♠唐の衰退は何をもたらした？
• モンゴルによるユーラシア各地の統治（経済活動の重視） • 12世紀の世界地図（背景）	• 諸都市の繁栄と大運河 • 宋の都開封の特徴（背景）	• 10世紀東アジア諸国の関係性 • 唐代の国際関係 • 唐代と宋代の東アジア比較

〔学びの予測〕
エキスパート活動
①モンゴル帝国・開封・東アジアそれぞれの尺度で、時代・地域の特徴や変化を見出している。
ジグソー活動
②時間的な展開を共有し、特徴や変化の因果などを結びつけようとしている。
③地図を組みあわせながら、東西交流の背景を構造的に理解しようとしている。

〔仮のゴール〕
　唐が滅亡したことで東アジアの国際関係が崩れ、周辺諸国の自立化が進んだ。大運河により南北の物流が発達して都市が繁栄し、周辺諸国にも物資が流入した。そこにモンゴル帝国が成立し、諸地域の交易路が結ばれた。

〔単元内での位置づけ〕
　諸地域の交流・再編の「再編」という視点から、東アジアの国際秩序の変化が13世紀の活発な東西交流をもたらしたことを理解できるようにする。「交流」と「再編」が相互に関係していることを理解し、世界史の構造について考察を深められるようにする。

学習の見通しをもたせたうえで内容の授業（講義＋グループワーク）おこなうことで、生徒自身が世界史用語や歴史的事象を意味づけし、知識網羅ではなく概念的理解をめざすことにある。

　本稿では、大項目C「諸地域の交流・再編」の授業実践を取り上げる。授業者は「諸地域の交流・再編」において、大項目B「諸地域の歴史的特質の形成」をふまえて形成された大小の「諸地域世界」が様々な形で接触し、相互に何らかの影響をおよぼしあい、新たな社会や世界を形成するという連鎖的過程を、生徒に理解してほしいと考えている。また、学習指導要領には大項目Cの観点として、

「交易の拡大」「都市の発達」「国家体制の変化」「宗教や科学・技術及び文化・思想の伝播」があげられているが、授業者が観点を1つにしぼって授業を展開するというよりも、学習する諸事象がこうした観点に結びつけられ、さらに諸観点が有機的に結びつけられることをねらいとしている。

単元の導入	問いを立てる
第6章 イスラーム教の伝播と 西アジアの動向	1.「導入ジグソー」イスラーム教はどのように拡大したのだろう？ 2. イスラーム教の伝播 3. 西アジアの動向
第7章 ヨーロッパ世界の変容と 展開	1.「導入ジグソー」ヨーロッパ諸都市はなぜ繁栄したのだろう？ 2. 西ヨーロッパの封建社会 3. 東ヨーロッパ世界 4. 西ヨーロッパ世界の変容 5. 中世文化
第8章 東アジア世界の展開と モンゴル帝国	1.「導入ジグソー」13世紀の活発な東西交流は「何」によってもたらされたのだろう？ 2. 宋とアジア諸地域の自立化 3. モンゴルの大帝国
(第9章～第11章)	
単元のまとめ	諸地域の交流・再編について、問いをたて、史資料を集めて考察をまとめる。

　第6章では、イスラーム教の拡大について、「アフリカのイスラーム化」「トルコ系民族の活躍」「イブン＝バットゥータの旅行」の3つの資料から、トルコ人・ムスリム商人の役割に注目させる「導入ジグソー」をおこなった。第7章では、ヨーロッパ諸都市の繁栄について、「十字軍運動」「貨幣経済・遠隔地交易」「農業革命」の3つの資料から、諸地域の「交流」やヨーロッパ社会の変化を考察させた。この2つの実践を通して、生徒は「人の移動」「都市」「商人」のような「諸地域の交流」を考察するためのキーワードを獲得することができた。

　一方で、ヨーロッパ社会の変化のような「再編」に着目させることはできなかった。第7章の「導入ジグソー」における貨幣経済を扱うエキスパート資料のなかに「王権と貨幣」に関する資料を、農業革命を扱うエキスパート資料のなかに「農奴の地位の変化」に関する資料をそれぞれ組み込んだが、足場かけがうまくできず、ほかのエキスパート資料と関連づけさせることはできなかった。学習指導要領では中項目(2)で諸地域の交流、中項目(3)で諸地域の再編を扱う構成となっているが、交流と再編は規模の大小はあっても、8世紀頃から連鎖的におこっていると授業者は考えている。

よって、第8章の「導入ジグソー」では、生徒が「再編」に気づくような授業構成にした(p.85表)。メイン課題は「13世紀の活発な東西交流は「何」によってもたらされたのだろう?」とし、交流自体に着目するのではなく、その「仕組み」や「背景」に着目させるような資料を選定した。「13世紀はモンゴルの世紀」といわれるように、モンゴルが東西交流を活発にさせたと思われやすいが、なぜ13世紀だったのか、唐の時代とは何が違うのか、なぜモンゴル(1つの勢力)が支配すると安定するのかなど、交流と再編を構造的にとらえる視点をここでは身につけさせたい。

D_o 学びの予測と実際の学び

　エキスパート活動について、資料♣はおもに文章資料であるため、生徒は資料の特性を読み解くことができていた。資料♥・♠は文章量が少なく、図版などから考察する必要があり、やや難しかった。各資料のメインとなる問いは、ほぼすべての生徒が概要を理解できていた(学びの予測①)が、足場かけの問いに課題があり、各資料を構造的にとらえられた生徒はあまりみられなかった。たとえば、地図に書き込むワークはほとんどの生徒ができていたが、そこから何がいえるのかについての足場かけが不足しており、「どこに何があった」「どこからどこへ移動した」は理解できても、「運河によって江南の商品が華北に集まって開封が発展した」「中国の銀や絹が北方へ流出し、北方民族の経済力につながった」などのように、その意味を説明する生徒はみられなかった。ただし、本教材はジグソー活動のときに各資料からの読み取りが結びつくことを想定していたため、概要が理解できたところで十分とみた。

　ジグソー活動は、「時代の順序や各資料の尺度に留意して、各小グループでメイン課題を考察するための像を描いてみよう」と声かけをしてから開始した。エキスパート資料の共有順序は小グループによってバラバラであるが、ほとんどの小グループで共有後に時系列を整理し直す対話や記述がおこなわれていた。なかには、1人の生徒が数直線を描き、各資料の情報を書き込みながら整理している様子もみられた(学びの予測②)。しかし、各資料の尺度に留意することは難しかったようで、資料♥から読み取れる都市の繁栄も、個別事象としての理解にとどまっている小グループが多かった。学習後の記述をみると、生徒A

は開封の繁栄をモンゴルの交易ネットワークの1地点として表現しようとしていることが読み取れるが、生徒Bはジグソー活動で開封の繁栄について共有しつつも、それを組み込んで考察した様子はみられなかった(下表)。

　クロストークでは、時系列の整理だけではみえない、物資の動き方の変化(宋から北方への銀・絹・茶の流出など)、地域を結びつける媒体(運河・駅伝)などへの言及があり、小グループによって微妙に異なるキーワードや表現、ニュアンスでそれぞれの考察を発表していた。本実践の場合、これらの微妙な違いに聞き手が注意を向けることは難しかったため、授業者が各小グループの表現をそのまま抜き出して板書し、1つの大きなメモをつくった。学習前では13世紀当時の動きに注目した記述がめだったが、学習後にはそれ以前の東アジア情勢の変化や、そのなかで形成された地域社会の特徴など、活発な東西交流の背景に言及しており、構造的に理解したことが読み取れる記述もみられた(学びの予測③)。

生徒	学習前の記述	学習後の記述　＊下線および[　]は授業者による加筆
A	人とのつながりや、人の移動、商人や旅行家など、東西に広がるモンゴルができたことにより活発になった。	唐の滅亡後、開封を中心として商業地として発展(都としても)。そこにモンゴルができて、交易路を独占した。そのため、川[運河]で交易をする開封とのつながりができ、モンゴル(西)と開封(東)で交易ネットワークができた。また、独自の文化を発展させた開封周辺の民間人がいたため、交易に積極的になれたのだと思う。また、モンゴルは自国が安全で豊かな国をつくるのが目的のため、さまざまな国と戦争などをおこすこともせず、いい関係をつくれたのも影響していると考察できる。
B	13世紀では「モンゴル帝国」が出現したことによって、東西交流の動きが活発になったと思う。	東西交流に大きな影響をあたえたのは、モンゴル勢力が拡大したことで、東西に広がる広大なネットワークを形成したことが大きなカギである。その背景には、唐の勢力衰退によって周辺諸国が力をもつようになったことがある。一方で、河川といった地理的要因によって交易路が確立された。

𝒞heck　指導に生かす形成的評価

　学習後の記述では、モンゴルによる交易ネットワークや運河・水運のような「交流」に関するキーワードと、東アジアの情勢変化のような「再編」に関するキーワードとの記述が9割の生徒にみられ、仮のゴールに沿ったものとなった。「13世紀の活発な東西交流は「何」によってもたらされたのだろう？」というメ

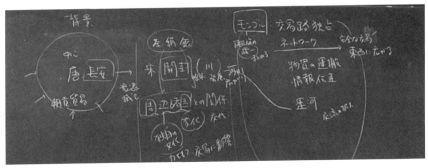

クロストークでの板書

イン課題に対して、「大きな理由の1つに唐の衰退がある」という書き出しで、8～10世紀のできごとを背景としてもち出して考察し、大局的に歴史をとらえることができた生徒もいた。細かな歴史の展開については、誤った記述をする生徒も少なくないが、本実践は「導入ジグソー」なので、この段階では気にせず、このあとの授業で理解できれば十分である。全体的に、時系列を意識した記述はみられたものの、時代の重層性を指摘するような記述はほとんどみられなかった。ジグソー活動の対話のなかで「この地域独自のモノが交易品になっているんじゃない？」という時代の重層性を指摘するような「発言」があったが、生徒はそれを「記述」して表現するところまでは至らなかった。一部の生徒は、時代の重層性に気づくことができていたが、それを小グループや教室全体で共有することはできなかった。

また、ジグソー活動のなかで数直線を描く生徒がいたように、広い時代・地

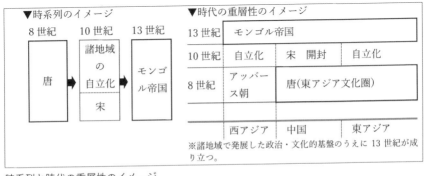

時系列と時代の重層性のイメージ

域を考察するための工夫ができるようになってきていることがうかがえた。各単元の「導入ジグソー」後の授業では、授業者が提示したシンキングツールを活用して諸制度を比較するなどの活動をしているが、今回は一部ではあるが生徒みずからツールを活用することができていた。

Action　授業改善と授業のコツ

　改めて、本実践は単元の「導入ジグソー」である。つぎの授業は「2.宋とアジア諸地域の自立化」について講義＋グループワークで学習するが、「導入ジグソー」を通してこの時代・地域の概観をつかんでいるため、遼・西夏・金と諸勢力がつぎつぎに台頭しても生徒は混乱することなく授業者の講義を受けることができる。

　ジグソー活動での「この地域独自のモノが交易品になっているんじゃない？」という生徒の発言は、13世紀の東西交流を考察するうえで重要な視点である。この気づきを教室全体で共有し、時代の重層的な構造を理解できるように、このあとにおこなう「3.モンゴルの大帝国」の授業では、「13世紀の諸文化がどの地域に由来するか」を紐づける活動を取り入れようと考えた。実際の授業では、「13世紀の活発な東西交流では、どのようなものが、どこから来て、どこへ伝わっていったのだろう？」という問いを立て、モンゴル帝国のなかで流通したり使用されたりした「チベット仏教」「染付」「授時暦」「てつはう」「カトリック」「イスラーム教」について、地図を活用しながら小グループで考察させた（下図）。

事後実践

ヒト・モノ・情報の流れを地図に書き込んでもらうことで、東西交流にも様々な様相があり、モンゴル帝国といえども地域によって受容する文化・思想が異なることに気づかせ、諸地域の特質と重ねて考察させることができた。

　また、このような重層的な理解ができているかを定期試験などで確認するのもよいだろう。KCJをおこなうと、どの資料についてエキスパートになったかによって理解度にばらつきが生じるため、エキスパート資料の内容そのものを問うのは妥当ではなく、KCJの意義にも沿わない。KCJは「複数の裏づけとなる情報(エキスパート資料)」をもとに「考察をする」「仮説を立てる」活動であるため、その活動をもとに下のような思考力問題をつくることができる。

　なお、時系列的な理解はできたが時代の重層的な理解にまでは到達しなかった点について、授業者の板書が結果的に時系列的なまとめに引き寄せてしまったことも考えられる。クロストークは聞き手が主役であり、授業者が答えを

問　モンゴル帝国に興味をもったミカさんは、モンゴル帝国の暦について調べ、関係するメモを作成した。さらに、作成したメモからモンゴル帝国の特徴について仮説をたてた。空欄αに当てはまる仮説と、その裏づけとなるできごと2つとの組合せとして、もっとも適当なものを1つ選べ。

メモ
・元の宰相である郭守敬は、イスラームの天文技術を取り入れて、授時暦を作成した。
・セルジューク朝の天文学者であるウマル＝ハイヤームは、ジャラリー暦を制定した。

　仮説：　　　　　　　　　　　　α

〔空欄αに入る仮説〕
あ．モンゴル独自の社会や文化が、諸地域に定着したのではないか。
い．諸地域に元々あった社会や文化を基盤として、モンゴル帝国が形成されたのではないか。

〔裏づけとなるできごと〕
X．駅伝制・海運・大運河によって、大都は陸と海の物流・情報ネットワークの中心となった。
Y．クビライの血統が途絶えたあとも、チンギス＝カンの他の子孫はカアンの称号を保持した。
Z．景徳鎮では西方伝来の顔料を利用した陶磁器(染付)が生まれた。

① あ、X・Y　　② あ、X・Z　　③ あ、Y・Z
④ い、X・Y　　⑤ い、X・Z　　⑥ い、Y・Z　　　　　　(正答：⑤)

重層的な理解ができているかを確認する思考力問題

まとめることは避けるべきだが、授業者は状況に応じて板書を取り入れている。ジグソー活動の様子から、課題設定が難しかったと判断した際、クロストークの表現・キーワードをそのまま拾って、関係図・ダイアグラムのようなものを板書していくようにしている（表現・キーワードを散布するだけの板書になることもある）。今回の課題では、構造化したり像を描いたりする作業が苦手な生徒にとっては様々な情報が板書を通して整理され、理解が深まった様子を見とることができたが、やはり板書メモが「答えに近いもの」ととらえられてしまうこともある。授業者による板書を控えて、むしろ生徒がダイアグラムを描くよう指示してもいいかもしれない。

> **私が導き出した「授業のコツ」**
>
> 　単元の主題を設定した「導入ジグソー」で、単元を考察するうえで重要な視点・キーワードを獲得する。そうすることで、生徒は歴史の見通しをもって諸事象を学習する準備ができ、知識の網羅や丸暗記に陥らない学習意識をもたせることができる。視点・キーワードの獲得の程度に応じて次回の問いや学習活動をかえることで、「指導と評価の一体化」を実現できる。

10 抽象的なメイン課題によって、生徒の思考パターンを把握する

奥村広太（茨城高等学校・中学校教諭）

*P*lan　単元計画と授業案

　本校は、ほとんどの生徒が大学進学をめざす進学校である。とくに本実践〔補注❶〕をおこなった国際教養コース（3年生18人）は、多くの生徒が学校推薦型選抜か総合型選抜で受験する。また、3年間設置されている学校設置科目だけでなく、2年次に全員が半年間海外へ留学するため、探究的な学習をする機会が多く、国際問題や社会問題にも強い興味・関心をもっている。世界史探究は、2年次に3単位と3年次に4単位の計7単位が設けられている。

　授業者は、歴史教育における目標の1つとして「教養を身につけること」を重要視している。この「教養」とは、私たちの常識を疑う力のことである〔補注❷〕、授業者は歴史学習を通して、民主主義や立憲主義など普遍的価値といわれているような概念・通念を相対化させ〔補注❸〕、私たちの世界のあり方が決して当たり前ではないことを理解することによって、自分たちが生きる社会の性質や特徴を深く理解することが重要であると考える〔補注❹〕。このように概念を相対化することは、「進歩主義」から脱して、現在の世界を無批判に受け入れることなく課題解決していくことにつながるのではないだろうか。

　この目標を達成するため、授業者は1学期の「近世ヨーロッパ」（大航海時代～大西洋三角貿易）で小単元を設け、以下の3つの目標を定めて「国（のあり方）」という概念の相対化をめざした。
①この時期の主権国家体制が形成されていく過程を理解する。
②現在の主権国家体制が決して自明なものでないことを認識する。
③国際平和の概念は主権国家体制が前提となっており〔補注❺〕、国際平和とは何かを多面的・多角的に構想し直す力を身につける。
　小単元の最後の授業では、まとめとして、「この時代のヨーロッパとアジアにとっての「平和」のあり方は、こののちの「国際平和」にどのような影響を

与えているだろうか」というメイン課題で知識構成型ジグソー法（Knowledge Construction Jigsaw method、以下KCJ）による授業をおこなった。この授業では、「ヨーロッパによる主権国家体制が前提となっている勢力均衡」「オスマン帝国における「帝国」の共存システム」「国境が引かれる（主権国家体制が適用される）ことで、各国で少数民族となったクルド人」の3つの資料を用い、主権国家体制や国際平和を自明のものとみなす生徒の素朴概念をゆさぶろうとした。その際の理解目標は、つぎの2点である。

①オスマン帝国の「帝国」のシステムおよび共存による平和のあり方は、ヨーロッパの主権国家体制が前提となっている勢力均衡による平和のあり方とは異なっていることを理解させる。

②ヨーロッパの主権国家体制が世界中に適用されることによって、西アジアではクルド人が「国をもたない最大の民族」となり、クルド人への抑圧およびそれへの抵抗運動や独立運動がおこったことを認識させる。

　この「国（のあり方）」に関する授業では、18人中6人の生徒がオスマン帝国の「平和」のあり方が現在の国際平和に影響を与えていると記述しており、そのうちの3人が国際連盟や国際連合をあげて、オスマン帝国の共存システムがこれらの組織に影響を与えたという推論を述べた。生徒がそのように考えたのは、「国際平和にどのような影響を与えているだろうか」と問われたために、使い道がわかりにくかったオスマン帝国の情報をむりやり使用したからだと考えられる。この考察は、第一次世界大戦後の国際社会がヨーロッパのルールにもとづいたあり方であるため、誤った認識である[補注❻]。授業者の問い方にも問題があったかもしれないが、この授業で第一次世界大戦後の国際秩序がヨーロッパによって形成されたことを十分に理解していない生徒の実態が浮かび上がった。

　この誤概念を修正して理解の深化をめざすために、以下の授業を計画した。この実践は、小単元「第一次世界大戦の展開と諸地域の変容」のうち、「第一次世界大戦後の国際秩序」に該当するものである。「第一次世界大戦後に形成された国際秩序にはどのような特徴があっただろうか？」をメイン課題として、第一次世界大戦後に構想された国際秩序はヨーロッパの都合にあわせたものであることを理解し、国際秩序、ひいては国際秩序からめざされる「国際平和」概念を相対化することを目標としている。

〔メイン課題〕
　第一次世界大戦後に形成された国際秩序にはどのような特徴があっただろうか？
〔授業の目標〕
①ヨーロッパの「文明の使命」観が植民地の独立を遅延させており（♣）、そもそもその「文明」
　の基準もヨーロッパによる恣意的なものであると理解する（♥）。
②非ヨーロッパである西アジアにおけるサイクス・ピコ協定は、ヨーロッパの秩序にもと
　づいて地域が分割されたことを理解する（♠）。
③これらをふまえ、第一次世界大戦後の国際秩序はヨーロッパの都合にあわせて構想され
　たということを理解する。

♣なぜ第一次世界大戦後に植民地の独立は進まなかったのだろうか？ ・国際連盟規約 ・委任統治	♥なぜ当時の国際社会は「ヨーロッパ国際社会」と呼びうるのだろうか？ ・「ヨーロッパ国際社会」の特徴	♠「民族自決」はどこで適用されなかっただろうか？ ・民族自決 ・第一次世界大戦後の西アジアの地図 ・サイクス・ピコ協定の地図 ・サイクス・ピコ協定の目的

〔学びの予測〕
エキスパート活動
①委任統治をおこない（♣）、文明の基準を定め（♥）、サイクス・ピコ協定を構想した（♠）
　主体がそれぞれヨーロッパであることを資料から読み取る。
ジグソー活動
②「福祉と発達」が遅れていることが委任統治の口実となっているが、そもそも文明の標準
　をヨーロッパが決めているという関連性に気づく。サイクス・ピコ協定の分割案や委任
　統治が「ヨーロッパ国際社会」の具体例だととらえる。
〔仮のゴール〕
　ヨーロッパの基準で福祉と発達がなされていないと認識された地域は、独立できず、ヨ
ーロッパに委任統治された。西アジアでは民族自決が適用されず、ヨーロッパが構想する
秩序にもとづいて新たな地域に分割されるなど、第一次世界大戦後の秩序はヨーロッパの
都合にあわせた国際秩序といえる。
〔仮のゴールをふまえてつぎの授業で学びたいこと〕
　ヨーロッパの都合によって構想された国際秩序のもとで、実際各地域でどのような問題
が生じたかを考察する（民族自決が適用された東ヨーロッパでおこった問題、アジアのナシ
ョナリズム運動など）。

D_o　学びの予測と実際の学び

　エキスパート活動の結果、資料♣・♥では、学びの予測①のような読み取り
ができていた。しかし、資料♠では、西アジアでは民族自決が適用されなかっ
たことを読み取っていたものの、エキスパート活動中のメモにおいて「列強が

決めた」ことに触れていたのは2人にとどまった。

　クロストークの際に生徒A（下表）が発言した「第一次世界大戦前とかわらない」という指摘は、多くの生徒が書きとめており、大半の学習後の記述に反映されていた。おもな生徒の学習前と学習後の記述は以下の通りである。

生徒	学習前の記述	学習後の記述
A	民族単位の国家建設と、それら国家の中で抜けがけしたり、有利になったりしないためのルールづくり。	第一次世界大戦後、民族自決の考えが打ち出され、さまざまな国の独立が進んだが、独立できた地域は限られたうえ、元植民地域の独立をうながすという名目でヨーロッパが実質的に統治しているなど、戦前の「ヨーロッパ国際社会」とあまりかわらなかった。
B	各民族のナショナリズムや自由を求める声が増えていく。	第一次世界大戦の前は、ヨーロッパ諸国が中心となって国際法の対象国などを決められていた。そこで、大戦後は民族自決などが導入され、独立国が増えるはずだったが、結局、ヨーロッパを基準として、統治から解放された人々は、近代世界において自立することができないと判断され、先進国が彼らの福祉・発達をはかるという目的で統治下におかれるという状況が残ってしまった。
C	今まで戦争の原因となっていたものを解決しようとした。	戦前、国際法はヨーロッパが基準につくられ、一部の列強とのあいだだけ適用されていた。戦後、民族自決や植民地の独立がうながされたが、一部の地域にとどまり、ヨーロッパの支配は残っていた。植民地では、福祉や技術を提供するという名目でヨーロッパの介入は続き、ヨーロッパを中心とした社会は戦後も残っていた。

C_{heck}　指導に生かす形成的評価

　第一にエキスパート資料の大きな問いの設定に工夫の必要性を感じた。前記の通り、エキスパート資料♠に取り組んだ生徒は、「列強が決めた」ことが重要であると気づくと想定していたが、小グループでの活動中それを書きとめた生徒は少なかった。「列強が決めた」ことはエキスパート資料の小さな問いから導けるが、その小さな問いが大きな問いを考察するのに有効だと思えなかったのだろう。このことから、エキスパート資料の大きな問いは、メイン課題に答えられるように、それと直接的に関連するものにした方がよいといえよう。今回の場合でいえば、「なぜ西アジアでは民族自決が適用されなかったか」などが考えられる。

　また、生徒の成果物から、どのような学びをし、本時の仮のゴールを達成で

きたか以下のように分析・解釈した。

　生徒Aは、エキスパート活動（♥）で、国際社会が、ヨーロッパ国際社会といえる根拠を「ヨーロッパが中心」であること、および「ヨーロッパとヨーロッパがつくった基準を満たす国のなかの秩序」であることに気づくことができた。ジグソー活動では、「中身がかわっていない」とまとめ、前記の学習後の記述をおこなった。そのため、この生徒はヨーロッパの都合にあわせた国際秩序に気づき、とくに第一次世界大戦前からの継続性に着目して考察したといえる。

　生徒Bは、学習前の記述では、抑圧されている民族の自立を求める声が高まるのではないかと予測していた。エキスパート活動（♣）では、先進国が「近代世界の苛烈な条件のもとで自立することができないから」委任統治していると気づき、ジグソー活動では、各エキスパート資料から「自由になった気がするけど、けっきょくはヨーロッパのもとにある」とまとめた。クロストークの発言では、「ヨーロッパが基準」であることを強調していた。学習後の記述では、授業者が期待していた要素を含めて記述していた。すでに学習前の記述の段階から「第一次世界大戦前の抑圧された人々」に着目しており、そのような人々の状況がかわっていないと最終的に理解したといえる。

　生徒Cは、エキスパート活動（♠）で「民族自決は東欧やバルカンでは適用されたが、中東では適用されていない」ことに気づき、ジグソー活動で「戦後、名目上は各国の民族自決や独立が認められたが、実質列強の支配が残っていた」→「結局戦前の列強の力が強いことはかわらない」とし、さらにクロストークで「ヨーロッパの基準が適用」（生徒Bの発言）されたことに着目して前記の考察をおこなった。対話的な学びを通して、授業者の期待する解答にたどり着いたといえる。

　以上より、本時の目標はおおむね達成できたと評価した。学習前後の記述の比較によって、各活動を通して理解を深めていく過程を読み取ることができた。生徒Aのように「第一次世界大戦前とかわっていない」と結論づけたり、生徒Bのように「第一次世界大戦前の抑圧された人々」の状況が戦後も「かわっていない」と理解したりしている事実からは、授業者が設定した仮のゴールに対して「第一次世界大戦前からの継続性」に生徒がより強く着目したと見とることができる。

*A*ction　授業改善と授業のコツ

　歴史の考察で「継続」に着目することは、学習指導要領の世界史探究における課題(問い)、とくに「諸事象の推移に関わる問い」の設定例として「変化と継続」があげられていることからも、重要であることが指摘できる。もっとも、歴史学においては「連続」と「断絶」は決して二者択一的でなく、しばしば併存しうるもの[補注❼]である。生徒の学びの事実からしても、第一次世界大戦後の国際秩序で「以前よりかわったこと」にもっと着目して学びを深める必要があろう。

　次回は本時で触れられなかったヴェルサイユ体制、国際連盟、ロカルノ条約、不戦条約について講義形式で説明することを予定していた。しかし本時の反省をふまえ、「変化」に焦点を当てて、「人々は第一次世界大戦や戦前のあり方のどのような点を反省し、どのような国際体制を形成したか?」をメイン課題とする KCJ による授業に変更した。なお、教材には、「山川&二宮ICTライブラリ」で公開している授業用プリントを改編して用いた。Checkで分析したことを受けて、資料♠では軍縮、資料♥では平和の維持と戦争の違法化、資料♣では集団安全保障の思想をテーマとして問いを設け、それらから得られたキーワードを組みあわせてメイン課題に答えられるように配慮した。この授業では、クロストークの際に「みんなで秩序を構築しよう」ということを強調する考察が出てきて、多くの生徒が自分や相手の考えを書きとめていた。

〔メイン課題〕
人々は第一次世界大戦や戦前のあり方のどのような点を反省し、どのような国際体制を形成したか?
〔授業の目標〕
第一次世界大戦が勢力均衡を背景に大規模化したことへの反省から、 ①集団安全保障をもとにした国際連盟がつくられたこと(♣) ②国際連盟や不戦条約で平和を維持するための規約や戦争の違法化が明記されたこと(♥) ③ワシントン体制などで軍縮が進められたこと(♠) を理解する。

♣国際連盟は第一次世界大戦のどのようなところを反省し、どのような工夫がなされてつくられたのだろうか	♥国際連盟規約と不戦条約は平和に関して何をうたっているのだろうか	♠ワシントン体制はどのような方向性で構築されていったのだろうか

なお、このように「みんなで」を強調した考察を受け、次回の冒頭では「どの程度国際協調が達成できているか？」という問いを投げかけ、ヴェルサイユ条約やロカルノ条約などに触れるたび、その問いに立ち返って考えさせた。

　KCJを用いた本実践でもっとも印象的だったのは、設定した「仮のゴール」に到達できたかどうかだけでなく、生徒の考察の「癖」を生徒の成果物から見とり、その「癖」をふまえて次回の授業改善につなげることができた点である。本時は「第一次世界大戦後の国際秩序はヨーロッパ中心の国際秩序である」という「仮のゴール」を設けたが、先にみたように、戦前のヨーロッパ国際社会とかわらなかったと結論づけたり、民族の観点から考察したりする生徒が現れ、授業者が想定した「仮のゴール」に到達しながらも、生徒みずから視野を広げて考察を深めるケースもみられた。

　授業改善につながる有意義な実践になったのは、メイン課題が「どのような特徴であったか」という抽象的な表現であったからではないだろうか。同じメイン課題に解答していても、「継続性」や「民族」に着目するなど、どの点を重要視したかは生徒によって異なり、結果としては多様な考察を見とることにつながった。つまり、メイン課題は抽象的な表現にした方が、生徒の考察に幅をもたせることになり、生徒おのおのの学びの過程（個性）がより見とりやすくなると考える。

私が導き出した「授業のコツ」
　メイン課題を抽象的な表現にすることで、生徒の考察の「癖」が見とりやすくなり、授業改善に生かすことができる。

知識構成型ジグソー法による歴史授業の分類と分析

小原千裕(埼玉県立草加西高等学校教諭)

　ここでは、これから歴史授業で知識構成型ジグソー法(Knowledge Construction Jigsaw method、以下KCJ)を実践するために、どのような教材の開発が可能かを提案する。まずは、これまでどのような教材が開発されてきたのかを分類・分析してその傾向性をつかみ、教材作成の指針を得たい。

1　授業実践の分類

　「山川＆二宮ICTライブラリ」、東京大学CoREF、高大連携歴史教育研究会が公開している日本史、世界史、歴史総合のKCJ教材と本書に掲載されている合計221の実践を、「時代」「問い(授業のゴール)」「分野」「授業の目標」の４つの観点から分類・分析した。

時代

　日本史と世界史の教材を対象とした。山川出版社『詳説日本史探究』『詳説世界史探究』の目次にあわせて時代を区分した。日本史は、飛鳥〜平安を古代、院政期〜戦国期を中世、織豊期〜幕末を近世、明治〜第二次世界大戦を近代、戦後を現代とし、世界史は、第１章〜第５章を古代、第６章〜第８章を中世、第９章〜第11章を近世、第12章〜第17章を近代、第18章・第19章を現代と便宜的に分類した。各科目の分類を総合して図１に示す。図１をみると、近代と中世の実践が多い。近代の実践が多い理由の１つとして、資料が比較的豊富にあり、現代的諸課題の歴史的考察につなげやすいことが考えられる。KCJを用いることで、講義型授業よりも資料を増やすことができ、多面的・多角的な考察が可能となる。

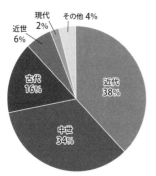

図１　KCJ教材の時代ごとの割合

実践編では、古代から現代まで幅広い授業実践が紹介されている。たとえば、〈実践編7武井〉は古代の東アジア、〈実践編4大野〉は現代の地域統合を主題としている。KCJを用いた歴史授業では、時代・地域を問わず実践が可能といえる。

問い（授業のゴール）

問いは、各実践のメイン課題と期待される解答の要素に着目し、①「なぜ〜なのか？」「どうやって〜？」など要因や背景を問うもの、②「どのようなものか？」など1つの事象を考察し理解するもの、③「どのようにかわったか？」など推移を問うもの、④概念を問うもの、⑤多様に解釈できる事象を自分なりに解釈または考察するもの、⑥時代の特徴を問うもの、⑦その他の7つで分類した（図2）。

図2は、①〜⑦の割合を示すグラフである。このグラフから、①「なぜ〜なのか？」「どうやって〜？」のように要因や背景を問うメイン課題が多いことがわかる。問いの表現は様々で、〈実践編4大野〉「なぜAPECはゆる〜い連携をめざしているのか」のようにわかりやすい問いもあれば、「徳川家康が江戸に幕府を開いた理由を考える」（東京大学CoREFの実践集に所収、以下CoREF教材）のように問いかけではない形で示している課題もある（補注❶）。ついで多かったのが、②「どのようなものなのか？」のように1つの事象を考察し理解するメイン課題である。これも①と同様、〈実践編10奥村〉「第一次世界大戦後に形成された国際秩序にはどのような特徴があっただろうか？」のようにわかりやすい問いもあれば、「風刺画から読みとる日露戦争」（CoREF教材）のように授業のテーマを示す問いもある。なかには、〈実践編8佐伯〉のように、「スーフィズム（イスラーム神秘主義）とは何か？　なぜそれが、イスラームの伝播に役立ったのか？」と複数の問いを設定している実践もある。また、歴史総合の実践では、探究科目に比べると、④概念を問うものが多い傾向にある。

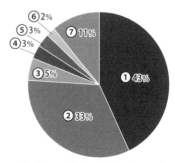

図2　KCJ教材の問いの種類別割合

以上の分類結果から、それぞれの問いにおける教材の特徴を分析する。

①「なぜ～なのか？」「どうやって～？」の教材には政治や経済の分野が多く、扱う題材には背景に複数の要素があるものや理由が1つではないものが含まれる。下に2つの具体例（a）（b）を示す。

(a)「なぜアメリカとソ連が第一次世界大戦後に影響力をもったのか？」（「山川＆二宮ICTライブラリ」所収、以下山川教材）

〔エキスパート資料〕

❶ロシア革命で何がおきたのか

❷欧米や日本はなぜロシア革命を脅威に感じたのか

❸恐慌のなか日本が台頭した背景にはアメリカがいたこと

(b)「カール5世はなぜルター派を容認したのか？」（CoREF教材）

〔エキスパート資料〕

❶ルター派とカール5世の対立

❷オスマン帝国のスレイマン1世が神聖ローマ帝国にせまっていること

❸イタリア政策をめぐるフランソワ1世とカール5世との対立

　(a)は3つの資料の関連性を見出すことで答えを導くことができる仕組みとなっており、(b)は1つの歴史的事象における複数の背景を関連づけることで、その要因が1つではないことを理解する教材となっている。政治や経済が多い理由としては、教科書がその分野を中心に記述されている影響が考えられる。

　「なぜ～なのか？」の実践のねらいは、具体的な事象を理解させるものと、抽象的な問いを考察させるものに大別できる。具体的な事象を理解させるものとしては、上記(b)の「カール5世はなぜルター派を容認したのか？」が一例としてあげられる。一方、抽象的な問いを考察させるものとしては、「国家に「国民」がいるのは、あたりまえにもかかわらず、なぜ近代では「国民」をつくりあげるといわれたのか？」（山川教材）が一例としてあげられる。問いの表現は抽象的だが、エキスパート資料では具体的な事例を扱っており、それらの共通点を見出すことで抽象的な問いを考察できる仕組みとなっている。具体的な事例から抽象的な理解へと導く実践が多い理由としては、ゴールが明確であることが考えられる。これは、授業をデザインする側に、問いが明確である方が答えを出しやすいとみなされているからではないだろうか。

②「どのようなものか？」の教材のほとんどが特定の事象について理解を深めることをねらいとしている。しかし、なかにはエキスパート資料を並べただけで「○○とは〜だ」と解答が完成してしまう教材が散見される。たとえば、「鹿鳴館時代が日本に与えた影響とは何か」(CoREF教材)は、❶政府主導の欧化政策、❷日本文化に対する西洋文明の優越性、❸貴族的欧化主義の批判、の３つのエキスパート資料から「外国文化を平民レベルにまで普及させようとする近代化、一方で貴族的欧化主義との批判や日本独自の価値観を尊重する動きもみられた」という答えを導き出すものとなっている。このような教材が多い理由としては、答えが明確でわかりやすく、デザインする授業者側の都合が表出しているからではないだろうか。エキスパート資料を並べるだけでは建設的相互作用はおこりづらく、KCJを用いる意味が薄れてしまう。「「大衆文化」とは何か？」(山川教材)のように、エキスパート資料から読み取れる３つの情報(❶都市生活の変化、❷生産方式の変化、❸大量販売・大量消費)から事象相互の関連性を考察する教材が望ましいだろう。

③「どのようにかわったか？」の教材の例として、「フランス革命は、社会の構造をどのように変えたのか？」(CoREF教材)という問いがみられる。この実践は、風刺画を用いて第三身分に着目し、フランス革命の流れを概観することをねらいとしている。KCJはエキスパート資料を複数用意するのが原則のため、いくつかの過程にわけられる事象が題材として選ばれやすくなっているのではないだろうか。しかし、この問いは順番にエキスパート資料を並べるだけで解答できてしまう危険性をはらんでいるので、その点に注意が必要である。

④概念を問う教材には、「近代化とは何だろう？」(山川教材)や「「国民」とは、どんな人々をさしているだろうか。「国民」を自分なりに定義してみよう！」(高大連携歴史教育研究会所収、以下高大研教材)、〈実践編５ 佐藤〉の「10世紀後半〜11世紀の○○文化!?」など、用語の定義を問うような表現が多くみられる。②との違いは、エキスパート資料では具体的な事例を扱っているが、期待する解答は抽象的に説明することを求めていることである。概念的に理解することを目標とする歴史総合において、参考になる実践といえる。

⑤多様に解釈できる事象を自分なりに解釈または考察する教材では、様々な問いの表現がみられる。たとえば、「聖女・悪女の救済〜日野富子を再検証〜」

（CoREF教材）のように人物評価させる問いでは、❶応仁の乱に向けて尽力したこと、❷応仁の乱後の幕府立て直しに尽力したこと、❸応仁の乱を引きおこす要因を間接的につくったこと、の３つをエキスパート資料としており、史資料を読み解きながら多角的に物事をみる力を身につけることをねらいとしている。また、相反する資料を用いて多面的に考察することで、歴史的な見方・考え方を身につけることをねらいとしている。

　ほかにも、自分なりに解釈し、自分の言葉で表現するといったオープンエンドのものもある。たとえば、「あなたが戦国大名ならどの地点に城を築きますか？」（CoREF教材）という問いでは、城の立地には軍事・政治・経済の要素があることをエキスパート資料で示し、それらの要素から考察させる。オープンエンドの問いが多い理由は、考察に必要な複数の史資料をそのままエキスパート資料として用いることができるうえに、自分なりに解釈することが目標であるため正解がなく、つくりやすいからではないだろうか。

　⑥時代の特徴を問う教材には、地域間の交流を題材としたものが多い。たとえば、〈実践編９松木〉「13世紀の活発な東西交流は「何」によってもたらされたのだろう？」では、唐の滅亡により東アジアの国際関係が崩れたことで周辺諸国の自立化が進んだこと、大運河により都市が繁栄し、モンゴル帝国が成立したことで諸地域の交易路が結ばれたことの２つの理解を通じて、13世紀の東西交流は諸地域の情勢変化のうえになっていることに気づかせるのをねらいとしている。地域間の交流を題材とするものが多いのは、講義型では数回の授業が必要なテーマを、複数のエキスパート資料を用いるKCJを活用すれば１回の授業で扱えるからだと思われる。

　⑦その他には、「文書館職員になって、説明文を考えさせる」（CoREF教材）のように史資料の説明文を作成する教材や、「「戦争によって女性は解放された」という言説に、どの程度、賛成・反対？」（高大研教材）のように価値判断を問う教材などがある。

分野

　以下の４つの基準で分類した（図３）。①政治・経済、②文化、③概念、④その他[補注❷]。図３からは、①政治・経済が圧倒的に多いことがわかる。①には、

「人々は第一次世界大戦や戦前のあり方のどのような点を反省し、どのような国際体制を形成したか？」（山川教材）のように戦争やそのなかでの国際関係を題材にしているものや、「中国の開港と日本の開港によって始まった貿易は、18世紀の貿易と何が違うのだろうか？」（山川教材）のように交易を題材としているものがある。さらに、「な

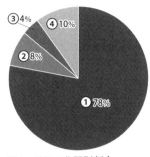

図3　KCJの分野別割合

ぜ女性たちは国防婦人会に参加して、太平洋戦争に加担したのか。また、大衆化の歴史における課題は、現代においてどの程度克服されたといえるか」（山川教材）のように女性に焦点を当てた教材などもある。④その他には、「古代と中世の境界線はどこか」（CoREF教材）のように時代区分を問うものや、「なぜ、古代国家の指導者にとって宗教は欠かせないものだったのか？」（CoREF教材）のように政治と宗教がからみあう事象を題材とするものがある。

　以上の分類結果から、各分野における教材の特徴をみてみたい。

　①政治・経済は、「名誉革命になぜオランダがでてくるのか？」（高大研教材）のように具体的な事象を扱うものと、「なぜ核兵器を廃止するのは難しいのだろうか」（山川教材）のように抽象的にとらえられるものの2つに大別できる。いずれも背景に複数の要素があり、講義型の授業では理解が難しい題材を扱っているものが多い。たとえば、〈実践編10奥村〉は、第一次世界大戦後に構想された国際秩序がヨーロッパの都合にあわせたものであることを理解させるために、国際連盟規約や民族自決をエキスパート資料に用いている。1回の授業でまとめて扱うことができれば、相互の関連がとらえやすく理解も深まるだろう。

　また、「近代における国民とは何か？　なぜ、国民という語句がクローズアップされるようになったのか？」（CoREF教材）のように、「近代」や「国民」がキーワードになっている教材も多い。

　②文化は、どうしても暗記して終わりになりがちだが、たとえば〈実践編5佐藤〉「国風文化」は、文化呼称とその叙述に疑問を投げかけることで、時代背景をふまえた理解に導いている。

授業の目標

　授業案が掲載されている教材を対象として、各実践における「授業の目標」に
着目し、「①歴史的事象を理解するもの」「②歴史的な見方・考え方を育成する
もの」「③「公民としての資質・能力」を育成するもの」「④汎用的資質・能力」の
4つに分類した（図4）。

　図4からは、①歴史的事象を理解するものが一番多いことがわかる。ついで
多かったのは②歴史的な見方・考え方を育成するもので、〈実践編7 武井〉では、
理解して「視座を得る（見方を育成する）」、史資料を用いて「考察する」ことを主
眼としていた。③「公民としての資質・能力」を育成するものは、授業案に明記
されることは多くないが、〈理論編①武井〉で述べられているように、「公民と
しての資質・能力」の育成はこれからの歴史授業をデザインするうえでの大前
提であり、本書で紹介した授業実践それぞれにおのずと反映されている。

　①歴史的事象を理解するものが一番多い理由としては、ゴールが明確で生徒
が答えを出しやすく、授業者も評価しやすいことがあげられる。しかしそれで
は、正解を出して終わりになってしまう。歴史＝暗記科目という意識が払拭で
きず、程度の差こそあれ「歴史＝理解」にとどまることが懸念される。

　②歴史的な見方・考え方を育成するものでは、複数のエキスパート資料をも
ち寄って対話するKCJを活用し、多面的・多角的な考察を目標とする実践が多
い。しかしなかには、エキスパート資料を並べただけで期待する解答につなが
ってしまうものがある。それでは建設的相互作用は引きおこされず、歴史的な
見方・考え方は身につかないだろう。教材開発にあたっては、どのような学び
が引きおこされれば歴史的な見方・考え方を働
かせたことになるのかを具体的に想定すること
が大切である。

　④汎用的資質・能力は、その育成を目的とし
た授業のほとんどがコミュニケーション能力の
育成を重視している。このような目標は必ずし
も歴史を題材とする必要性はなく、わざわざ
KCJを用いる必要もない。

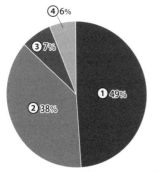

④6%
③7%
①49%
②38%

図4　KCJによる授業の目標別割合

2 提案

　たんにKCJの手法を取り入れるだけではなく、社会科教育としての目標をもった教材作成が必要である。そのための一例として、批判的思考力の育成を目的とした教材開発を提案する。

　ここでは、批判的思考力を「1つの歴史的事象について、史資料や既存の知識をもとに多面的・多角的に読み解き、根拠を明確にしながら解釈したことを表現するスキルや態度」と定義する。教材開発の視点はおもにつぎの3点である。

①複数の考察・評価・解釈がある歴史的事象を題材として問いを設定する

②史資料を読み取ったうえで対話を通して多面的・多角的に考察する

③論理的に表現するスキルや態度を育成する

　これまでに、批判的思考力の育成を目的とした義務教育での歴史授業はいくつか実践が報告されてきた〔補注❸〕。しかし、そのどれもが時間をかけて授業をおこなう単元構成になっているため、膨大な量を扱わなければならない高等学校の歴史授業では実践が難しい。また、先行の義務教育における実践ではグループワークを取り入れているが、生徒一人ひとりが思考を働かせるためのしかけは不十分である〔補注❹〕。これらの課題を克服する1つの方法として、KCJの活用が考えられよう。KCJの活動では、みずからの考えを吟味する機会がある。さらには、1回の授業で完結することが可能である。自分がもっていない史資料や、自分がもっているものとは相反する内容の史資料をもち寄って考察する学習活動によって、一人ひとりの思考を働かせることができる。

　具体的な例として、「コンスタンティヌス問題」をあげる。コンスタンティヌス帝のキリスト教改宗は、改宗した時期や理由についての定説がない。史資料は豊富にあるため、それらをどう解釈するかによって改宗した時期や理由についてのとらえ方がかわってくる。相反する内容のエキスパート資料もつくりやすく、批判的思考力の育成に有用なテーマの1つだろう。

授業を実践するための10の「ヒント」

武井寛太（埼玉県立与野高等学校教諭）

　実践編では、多種多様な学校における知識構成型ジグソー法（Knowledge Construction Jigsaw method、以下KCJ）の実践と「指導と評価の一体化」のあり方を具体的に紹介するとともに、授業者が生徒の学びの事実から見出した「私の授業のコツ」を紹介した。ここでは、これからKCJを用いて授業改善したいと思う授業者に向けて、そのための「ヒント」を体系的に示したい。ただし、ここでの「ヒント」は、メソッドや法則などとは異なり、これに従えば良質な授業がつくれることを保証するものではない。あくまでも、授業者みずからが目の前の生徒の学びの事実をふまえて、自分なりの「コツ」を導き出すための参考にすぎない。ここで示す「ヒント」が通用することもあれば、それとは正反対の「コツ」を見出すこともあるだろう。本書で紹介した「コツ」や「ヒント」をうのみにすることなく、試行錯誤を繰り返しながら検証し、目の前の生徒の学びにあわせた授業をつくり上げていただきたい。

1　KCJ教材作成の第一歩

　教科書や補助教材を広げ、指導書を読み、関連する書籍を読む。そして、単元や毎回の授業目標をイメージする。すると、たとえばつぎのような様々な目標が浮かんでくるだろう。
①時代や地域を特徴づける概念をつかませる
②資料の読み解きを通して歴史的思考力や批判的思考力を鍛える
③複数の立場から課題を討論させ、価値判断に導く
④幅広い視野からの歴史的な見方・考え方を働かせ、鍛える
　そして、この単元のこの授業は「KCJが向いていそうだ」「KCJ教材がつくりやすそうだ」と判断したとき、KCJの教材開発に取り組むことになる。
　ただし、授業目標を「自由活発に議論させること」にすべきではない。これを目的にした結果、歴史修正主義をもち出して史実に反する主張をしたり、差別

を肯定するなど「公民としての資質・能力」に欠ける意見が飛び交ったりと、「何でもあり」の授業になってしまったという話もよく耳にする。歴史授業におけるKCJは、生徒の認知や学習過程が多様であることを前提にした授業手法であり、ゴールが多様であることをそのまま容認するものではない。

〈実践編3稲垣〉は、テッサ・スズキが提唱する「連累」と「歴史への真摯さ」に着目し、「過去の暴力と差別の伝統に抗する社会的・政治的な参加をみずからにうながすような歴史的主体性を生徒が獲得すること」を単元目標に据えてKCJ教材を開発している。〈理論編②小原〉は、批判的思考力の育成にKCJが有効であると提案している。

まずは、目標を立てて、「仮のゴール」を具体的にイメージすることから始めたい。〈実践編1山根〉は、「仮のゴール」を具体的に設定することが、資料の選定や足場かけの精度を上げることにつながるというコツを導き出している。もちろん、〈理論編①武井〉で述べたように、教材開発時に設定した「仮のゴール」が唯一無二の「正解」ではない。さらにそこから先へと生徒の学びがつながっていくような「仮のゴール」を想定したい。

ヒント 授業目標と「仮のゴール」を具体的にイメージする

2 メイン課題とコンテンツの決定

目標と「仮のゴール」について青写真が描けたら、つぎはメイン課題の設定と、「仮のゴール」につなげるための内容精選である。目標とメイン課題が一致しなかったために、「生徒は何を書けばよいかわからなかった」「生徒の学びをどのように評価すればよいか判断できなかった」といった失敗談をよく耳にする。また、問いと「仮のゴール」は明確でも、エキスパート資料が考察材料として適切ではなかったため、「仮のゴール」に到達できなかったケースも多い。

「仮のゴール」に至るためのメイン課題を設定したら、必要と思われる情報を一通りあげ、それらを取捨選択して3つのエキスパート資料にどう振りわけていくかを考えるとよいだろう。3つのエキスパート資料をいきなり組み立ててしまうと、授業目標やメイン課題との接続がうまくいかないことが多い。たとえば、3つという数字にとらわれて、日本・ドイツ・イタリアの3カ国にわけ

てファシズム諸国のエキスパート資料をつくろうと思っても、どのような学習後の記述を期待すればよいのか頭を悩ませてしまうことが多い。

〈実践編7武井〉で紹介されている教材は、日本・新羅・渤海の3地域を3つの資料にわけているが、その前提にあったのは東アジア文化圏という概念を理解させるという仮のゴールであった。それにつながる必要な資料を集めるなかで、隋唐帝国が東アジア諸国に与えた影響という課題を抽出し、3つのエキスパート資料の共通項として漢字というキーワードを設定した。

ヒント　「仮のゴール」に至るためのメイン課題と資料を考える

3　メイン課題を設定しよう

KCJの要はメイン課題にあるといっても過言ではない。〈理論編①武井〉で触れたように、協調学習がおきやすい学習環境の条件として、「一人では十分な答えが出しづらい課題をみんなで解こうとしている」ことがあげられている。簡単で魅力のない問いであれば、1人で十分な答えが出せると生徒は感じてしまう。それでは対話が引きおこされず、解こうとする意欲を喚起できない。

以前、「なぜフランク王国は長く続いたのか」というメイン課題を、宗教、移動距離、ビザンツ帝国との距離、という3つの要因から考察するKCJ教材を作成したことがある。ある生徒が3つの要因を一通り並べたあと、「これ以上、話すことはないです」と話しかけてきた。その問いからつぎに学びたいことを見出そうとする対話もいっさいみられなかった。これは、協調学習がおきやすい学習環境の条件が整っていなかったために、浅い学びに終始した事例である。

生徒の能動的な対話を引きおこした例としては、「なぜ鮮卑は髪形を変えたのか」がある[補注❶]。このメイン課題は生徒にわかりやすく、学習前の記述において「流行が過ぎたからか」「部族対立で文化がなくなってしまったからか」といった仮説を立てる生徒が多かった。イメージしやすいため生徒の関心を引きつけ、結果的に農耕民と遊牧民の融合という東部ユーラシア史の重要テーマを理解させることができただけでなく、ジグソー活動内で「モンゴル高原にいた鮮卑の歴史は中国史なの？」や「漢化政策は強制だったの？　反発はあったの？」といった疑問を生み出す学び（目標創出型）につながったことも確認できた。

〈実践編4大野〉では、「概念的な理解をねらいたい場合であっても、具体的な人物や組織などのように身近なテーマにおきかえた問い方」の方が課題に取り組みやすくなると紹介している。概念的なものや複雑な事象をターゲットにしつつも、それが表象した具体的な事例を問いにして、キャッチーなメイン課題を設定するのも1つの有効な手段であろう。

　一方、概念をそのまま問う場合でも、工夫によって生徒の学びが深まった事例もある。〈実践編5佐藤〉では、「10世紀〜11世紀の○○文化！？」という問いで、「国風文化」についての生徒の素朴概念にゆさぶりをかける教材を紹介している。そこでは、国風文化が大陸文化を継承していることに気づかせ、生徒がもつ日本観を批判的に自覚させて、ナショナリズムなどの理解にもつなげている。また、〈実践編10奥村〉は、抽象的なメイン課題にすることで、生徒の考察に幅が生まれ、生徒の考察の「癖」が見とりやすくなると提起している。必ずしも、具体的な問いでなければならないというわけでもなさそうである。

　メイン課題をオープンな問いにするか、クローズドな問いにするか。もとはオープンな問いで考察させる教材も、あえてクローズドな問いにした方が深い理解に到達できる例もある。「「戦後は、資本主義 vs 社会主義の冷戦の時代である」——あなたはこの命題に、どの程度、同意できますか」というメイン課題を設定し、「長い20世紀」の視点、第三勢力の視点、米ソの貿易からみるグローバル化の視点の3つのエキスパート資料を用意して授業をおこなった際、「どの程度」という点に戸惑い、パーセンテージで示してもその根拠を説明できない生徒が続出した。そこで、佐伯佳祐の助言をもとに、「「戦後は、資本主義 vs 社会主義の冷戦の時代である」といい切ってしまってよいのだろうか」に変更したところ、クローズドな問いであるにもかかわらず、「いい切ることはできないが、冷戦を背景にして……」という説明が数多く現れ、「つぎに学びたいこと」も表出して、「目標創出型」の深い学びにつながった。重要なのは問いの形式ではなく、「答えは自分でつくる、また必要に応じていつでもつくり変えられるのが当然だと思える」学習環境を整えることなのだろう。

　さらには、「みんなが解きたいと思える」メイン課題にすることが、協調学習がおきやすい学習環境の条件の1つとなっている。そのためには、生徒の実態を的確にとらえるとともに、現代的な諸課題に関わる歴史の形成過程を扱うな

ど、生徒が身近に感じられる主題にすることが望ましい(補注❷)。また、メイン課題だけでなく、導入部で前振りをすると、生徒が学習前の記述に取り組みやすくなる。〈実践編8佐伯〉は、生徒が素朴な認識を抱いているイスラームを題材に、「伝統を重んじるイスラームって、ずっと「かわらない宗教」だったの？」という単元の問いを設定し、単元の問いとメイン課題がどのように関連するのかを丁寧に紹介する導入部を設けることで、メイン課題への関心を高めさせている。

ヒント メイン課題で対話的に学ぶ意欲をかき立てる

4　エキスパート資料をつくろう

　エキスパート資料は、どの程度の分量・難易度で作成したらよいだろうか。〈実践編4大野〉にあるように、情報過多のエキスパート資料にするとエキスパート活動やジグソー活動での共有の時間に多くが割かれてしまい、消化不良となってしまう。生徒が慣れてくれば、話し手が要点をしぼったり、聞き手が相づちや疑問を挟むなど、知識を適度に共有する学びもみられるようになる。しかし、エキスパート資料の情報が過多となり、肝心のメイン課題を考察する時間がほとんど残らなかったという事例は少なくない。よって、エキスパート資料の分量は、少なめにするのがポイントである。たとえば、50分授業の場合、資料の読み取りに時間がかかるようであれば400字程度、そうでなければ800字程度を目安とすればよいだろう。

　エキスパート資料の難易度は、できるだけ低くなるようにしたい。資料やグラフを読み解かせる問いを設けたり、注釈なしで専門的な文献資料を掲載したりすると、メイン課題に直接関わらないところでつまずき、目標とするゴールから遠ざかってしまう。〈実践編1山根〉で言及されているように、用語の意味や漢字の読み方がわからず、対話が止まってしまうことも多い。もちろん、生徒のつまずきを見とることで授業改善につなげることができる側面もあるが、生徒の実態にあわせた難易度の調整は必要不可欠である。KCJの一連の活動を1回の授業で完結させるためには、エキスパート活動を8分程度でおこなえるくらいの難易度にするのが望ましい。

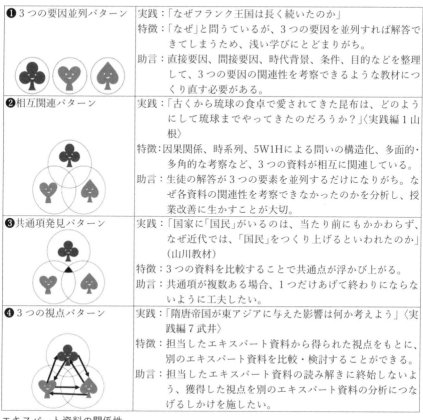

❶３つの要因並列パターン	実践：「なぜフランク王国は長く続いたのか」
	特徴：「なぜ」と問うているが、３つの要因を並列すれば解答できてしまうため、浅い学びにとどまりがち。
	助言：直接要因、間接要因、時代背景、条件、目的などを整理して、３つの要因の関連性を考察できるような教材につくり直す必要がある。
❷相互関連パターン	実践：「古くから琉球の食卓で愛されてきた昆布は、どのようにして琉球までやってきたのだろうか？」〈実践編１山根〉
	特徴：因果関係、時系列、5W1Hによる問いの構造化、多面的・多角的な考察など、３つの資料が相互に関連している。
	助言：生徒の解答が３つの要素を並列するだけになりがち。なぜ各資料の関連性を考察できなかったのかを分析し、授業改善に生かすことが大切。
❸共通項発見パターン	実践：「国家に「国民」がいるのは、当たり前にもかかわらず、なぜ近代では、「国民」をつくり上げるといわれたのか」（山川教材）
	特徴：３つの資料を比較することで共通点が浮かび上がる。
	助言：共通項が複数ある場合、１つだけあげて終わりにならないように工夫したい。
❹３つの視点パターン	実践：「隋唐帝国が東アジアに与えた影響は何か考えよう」〈実践編７武井〉
	特徴：担当したエキスパート資料から得られた視点をもとに、別のエキスパート資料を比較・検討することができる。
	助言：担当したエキスパート資料の読み解きに終始しないよう、獲得した視点を別のエキスパート資料の分析につなげるしかけを施したい。

エキスパート資料の関係性

　ただし、たんに分量を減らしたり、難易度を下げたりすればよいわけではない。前節で述べたように、「１人では十分な答えが出しづらい課題」にすることが肝要である。３つの要因や３つの政策を並べるだけで答えが出せてしまう教材は、「目標到達型」の浅い学びになってしまう。

　どのようにエキスパート資料をつくるべきか。その参考になるのが、上の表である。❶にならないように、❷・❸・❹などのパターンで作成したい。

　たとえば❷「相互関連パターン」の教材として「なぜアル＝カーイダは同時多発テロ事件を起こしたのか」(補注❸)を紹介したい。この教材は、資料♣でイラン＝イスラーム革命を扱い、イスラーム主義が普及した背景を学び、資料♥でソ連によるアフガニスタンへの軍事侵攻を扱い、アル＝カーイダが軍事力を手

に入れた理由（同時多発テロを実行できた条件）を学び、資料♠で湾岸戦争を扱い、アル＝カーイダがアメリカを敵視した直接的な要因を学習する。つまり、エキスパート資料で背景・条件・直接要因を学習するとともに、西アジアの情勢を時系列で整理することが求められる。

　このように❷は、各エキスパート資料の関連性を考察する必要があるため、ジグソー活動の難易度がきわめて高くなる。〈実践編9松木〉は、1つの資料から読み取れる情報を時代の「背景」として位置づけられず、個別事象としての理解にとどまっている生徒が多くいたことを指摘している。しかし、事象相互の関連性を考察させるのにKCJが不向きと考えるのは早計である。講義型授業であっても、問いと資料の関連性を発問しながら説明したうえで、考察結果を生徒にまとめさせたところ、授業者が説明した関連性をふまえていないものが多数みられたことがある。つまり、生徒にとって難易度の高い学習課題は、授業者主導による授業であっても克服できるわけではないのである。重要なのは、資料相互の関連性を考察したり、根拠にもとづいて推論したりと、思考力・判断力・表現力を育む課題に繰り返し取り組ませて習慣化させ、生徒のつまずきを随時見とって授業改善していくことではなかろうか。

ヒント エキスパート資料はやさしく、ジグソー活動は複雑に

5　生徒の理解をうながす工夫

　では、エキスパート活動とジグソー活動の難易度を調整して生徒の理解をうながすには、どのような工夫が必要だろうか。実践編では、エキスパート資料に設けた足場かけの問いなど、様々な工夫が紹介されている。KCJによる授業実践を重ねると、生徒の対話や成果物から、読み取らせたいことを生徒が見逃しているケースが少なくないことに気づく。重要なのは、授業者が読み取らせたいことを生徒が見落としてしまった原因を探ることである。「～ことがわかる箇所にマーカーを引こう」という足場かけに対し、エキスパート活動ではマーカーを引けていた生徒が、ジグソー活動ではマーカーを引いた箇所にまったく言及しなかったというのはよくみられる事実である。〈実践編2髙野〉は、そのような生徒のつまずきを見とった具体例である。

なぜそのような学びになってしまったのか。仮説として、生徒がメイン課題と足場かけの問いの関連性に気づくことができなかった、あるいはマーカーは引けたが自分で説明できるまで理解がおよばなかったことなどが考えられる。この場合、たんにスモールステップを踏めばよいわけではなく、学びの過程は生徒一人ひとり異なることを前提としつつも、どのような思考過程をたどるのかを予測したうえで工夫することの大切さが改めて確認されるだろう。対策の1つとして、エキスパート資料で学んだことを自分の言葉で説明できるようにするための学習課題を設けるようにしたい。

　ジグソー活動で理解が深まったケースに共通するのは、素朴な考えや疑問を出しあうなかで解答の糸口をみつけたり、対話しながら考察を練り上げたりと、建設的な対話が引きおこされていることである。〈実践編7武井〉は、ホワイトボードを導入して対話の促進をはかった一例である。図像資料や地図・年表を積極的に活用するのも、視覚的な理解をうながすうえで有効な手段だろう。

ヒント　生徒がどう学ぶのかを予測して授業デザインする

6　単元内での位置づけ

　KCJによる歴史授業は、単元のどこでおこなうのが適切だろうか。結論からいえば、目標に合致さえしていればどこでおこなってもかまわない。KCJは概念形成をおこなうことに適した授業手法といえるので、〈実践編9松木〉のように単元の導入に用いて歴史の大局的な見方を育み、事後の授業で学びを深める単元計画も効果的だ。あるいは、〈実践編6杉本〉のように、単元のまとめでおこなうのもよいだろう。

　KCJは1回の授業で完結されるがゆえに、つぎの授業との関連性がないという誤解がある。しかし、〈実践編10奥村〉のようにKCJで見とった学びをうけて、次回もKCJを用いた例もある。また〈実践編5佐藤〉は、複数の単元にまたがって重要な概念を習得させる授業計画を立てている。いずれの実践も、単元計画のなかで効果的にKCJを活用していることが確認できるだろう。

　歴史総合・日本史探究・世界史探究では、探究的な学びを実現するために単元学習の構成が不可欠となる。たとえば、歴史総合の大項目C「国際秩序の変

化や大衆化と私たち」では、中項目(1)で表現された問いを参考にしながら中項目(2)(3)で授業者が主題を設定し、現代的な諸課題の形成に関わる歴史を(4)で学ぶ構成となっている。「山川＆二宮ICTライブラリ」では、中項目(1)の「大衆化」を概念化しながら問いを表現するKCJ教材［補注❹］、中項目(4)の主題学習で扱った資料を「平等・格差」などの「観点」から再度読み解き、現代的な諸課題の歴史的形成過程を考察するKCJ教材［補注❺］を公開している。どちらの教材も、生徒一人ひとりの思考過程が多様であることを前提とするKCJの強みを生かし、概念化、疑問の生成、つぎに学びたいことの気づきを可能にしている。KCJを活用すること自体を目的にするのではなく、単元学習を質的に高め、深い学びに導くために適切な場面で取り入れたい。

ヒント 単元のなかに適切に位置づける

7 時間配分をどうするか

　KCJのすべての活動を1回の授業で終えられず、2回の授業にわけて実施する場合が多いようである。KCJは一連の活動のなかで考えを出しあって理解を深めていく手法であるから、思考の過程を忘れないうちに、1回の授業ですべての活動を完結させるのが理想だろう。ちなみに、50分授業の場合、時間配分の目安を示すと以下のようになる(移動や指示もあるため5分程度の余裕をもたせている)。

　　導入：3分
　　学習前の記述：2分
　　エキスパート活動：8分
　　ジグソー活動：15分
　　クロストーク：10分
　　学習後の記述：5分

　学習後の記述を省略する実践も見受けられるが、自分の考えを自覚するきっかけとして位置づけたい。たとえば、「高度経済成長は私たちに何をもたらしたのか」(山川教材)［補注❻］は、学習前の記述では高度経済成長の「明」の側面が書かれることを予想しているが、ジグソー活動を通して公害という「負」の側面を

とらえ、公害対策基本法が改正されたことによって、国民の生活を蔑ろにして経済発展を優先する考え方が改められたことを理解できる教材となっている。生徒は、学習前の記述で自覚したみずからの理解を吟味・修正することができ、みずからの学習前の記述と学習後の記述を比較することによって、多面的に考察することの重要性に気づくことができるだろう。

　クロストークについては、同じような意見が出てくるだけだからという理由で省略するケースも少なくない。そうすると、授業が「目標到達型」のアプローチになってしまい、対話から新たな気づきを得て、さらなる学びへとつながる機会が失われかねない。生徒が考えを出しあって一人ひとり理解を深め、つぎに学びたいことを見出す「目標創出型」のアプローチをとることによって、納得しやすい説明のしかたを得るチャンスとなり、自分の理解を組み立てていく構成主義の学びが実現される。したがって、クロストークが答えあわせの場にならないように注意したい。「答えは自分でつくる、また必要に応じていつでもつくり変えられるのが当然だと思える」環境を整えるうえで、クロストークが果たす役割は大きい。クロストークの前半に報告した小グループの考察を受けて、後半により発展的な考察を練り上げることもある。学習後の記述も同様に、一連の活動のあとに自分の考えをつくり上げていく学習場面となるため省略すべきではない。

ヒント　一連の活動がすべて1回の授業で完結するように時間を配分する

8　授業の具体的な進め方

　ここで、42人教室（6列×7人）を想定した授業の進め方の一例を紹介したい。
　はじめに、共通のプリントを全員に配布する。エキスパート資料は、左2列に資料♣、中央2列に資料♥、右2列に資料♠を配布する。ほかのエキスパート資料は、あとから配る、オンラインで共有する、裏面に縮小して印刷する、といった方法で全生徒に渡すことが多い。各列の人数に差がでる場合は、座席の移動を指示する。
　エキスパート活動では、同じ資料をもつ3〜5人の小グループを3人の小グループがもっとも多くなるようにつくり、机をあわせる。つぎに、エキスパ

1+13♣	2+13♥	3+13♠
4+14♣	5+14♥	6+14♠
7	8	9
10	11	12

ート資料を生徒が読んでいるあいだに、♣・♥・♠のトランプを同じマーク
のエキスパート資料をもつ生徒に配布する。その際、39人より多い場合、14
人目にはジョーカーにマジックで「14♣」などと書くとわかりやすい。その後、
上図のような数字を黒板に書いてジグソー活動の小グループの移動先を記す。
もし3で割り切れない場合は4人の小グループをつくることになる。エキス
パート活動が終わったら、トランプの数字にしたがって移動するよう指示する。

　この方法であれば、授業者がトランプを配布するため、特定の生徒に配慮す
ることも可能になる。対話をメインとする学習方法は、椅子にしばりつけられ
る講義一辺倒の授業を苦痛と感じる生徒に配慮できる一方で、場面緘黙の生徒
には苦痛を与える可能性がある。しかしKCJでは、生徒のパーソナリティを考
慮して特別な配慮が必要な生徒を4人の小グループにすることで、この問題を
解消することができる。日本語を母語としない生徒がいる場合も、特定の友人
と同じ小グループにするなどの配慮ができよう。講義一辺倒ではわからない語
彙が出てきても生徒はすぐに確認できないが、KCJではその都度友人に確認し
たり辞書で調べたりする時間が確保されている。

ヒント トランプを用いて学習環境を整える

9　授業中の授業者の役割

　KCJは、まずは生徒一人ひとりが自分で考え、対話を通じて自分の考えを吟
味・検証することで理解を深めていく授業手法である。よって、対話的な学び
の場面においては、授業者が介入することはできるだけ避けたい。〈実践編8
佐伯〉のように深い学びを実現するためにクロストークで発問を加えるケース
もあるが、教授主義の授業観から生徒の学びに介入するのは得策ではない。〈実
践編6杉本〉は、机間巡視すると声をかけられてしまうため、生徒との距離を

一定に保って静観するのがよいと述べている。

　では、授業者は授業中にどのような動きをすればよいだろうか。まず、授業者が全体に向けて説明するタイミングは各活動の始めと終わりにある。下表は、実際に声をかける言葉の一例である。いずれも、KCJにおける各活動の意味をふまえたうえで、どのような表現が適切かを見きわめている。授業者は、各活動で下表のような指示をする以外に、授業中は生徒の学びの見とりで大忙しとなる。授業者が事前に予想した学びの様子と実際の学びの様子がどの程度一致するのかを見とるのである。そのため、1つの小グループに張りついて生徒の学びがどのように変容するのかをじっくり聞くのも手である。

　ただし、教材に不備があるなどして全体的に資料を誤解しているとみてとれたならば、対話をいったん休止させ、全体に向けて説明する臨機応変な対応が求められる。ここでも、教えなければ生徒は理解できないという教授主義を前提とするのではなく、生徒一人ひとり学びの過程は異なるという構成主義にもとづいて学習環境を整えることが大切となる。〈実践編1山根〉でも述べられているように、生徒が対話のなかでつまずきを解消していくことは、KCJの学びでよくみられることである。

活動	声かけの例
学習前の記述	「間違ってもかまわないから必ず何か書くように。自分が今考えていることをふまえて資料を読むと理解しやすいですよ」
エキスパート活動	「メイン課題を考察するために資料を読みましょう。わからないこと、気になることをチェックするといいですよ。みんなで、わかることや疑問に思うことを言語化しましょう」
ジグソー活動	「教えあうのではなく、メイン課題を考えるために知恵をもち寄りましょう。説明がわからなかったら、説明の途中でも「どういうこと？」と尋ねましょう。自分で読むより疑問を出しあった方が理解できます」
クロストーク	「聞き手が主役です。自分にとって「この表現が腑に落ちる」「この視点には気づかなかった」など、自分の理解を深めましょう。報告者の方をみたり、体を向けたり、拍手したりする必要はありません。メモに徹してください。報告者も完璧な正解をいう場ではなく、今自分たちが理解できていることを説明しましょう。その説明が、クラスメートの理解につながりますから」
学習後の記述	「最後に、考察したことを自分の言葉でまとめましょう。疑問に思うこと、学びたいことがあったらあわせて書いておきましょう」

ヒント 構成主義の視点から、全体指示と形成的評価の役割に徹する

10　総括的評価をどのようにすればよいか

　最後に、総括的評価の考えについて触れておきたい。

　KCJでの学びの姿から、観点別評価をしようとする試みがある。しかし、ジグソー活動における生徒の学び方は多様である。活発に話す生徒、聞き手に回る生徒など、個人の性格によるものは総括的評価に組み込むべきではない。KCJの活動そのものを観点別評価に組み込むという発想ではなく、生徒の学びの事実を観察し、そのなかで授業改善の糸口をみつけていくことが重要である。

　学習後の記述に対しても、観点別評価で数値化・序列化することはためらわれる。KCJは、「答えは自分でつくる、また必要に応じていつでもつくり変えられる」のが当然だと思えるような学習環境を整える授業手法である。これをふまえれば、KCJの学習後の記述は総括的評価とは相容れないものといえるかもしれない。KCJを用いた授業で毎回ルーブリックを示して数値化すると低く評価された生徒が、ルーブリックを参考にして記述の質を高めようとしていないことに気づかされることもある。さらには、「A評価の模範解答を教えてください」と尋ねてくる生徒も出てこよう。このような状態は「目標到達型」のアプローチであるといえ、学びの成立や改善のためにおこなう評価の目的を果たしていない。KCJは「目標創出型」のアプローチでこそ真価を発揮する。

　そこで、日々の授業の成果物に対してはいっさい評定に組み込まず、いつでも書きかえてよいことを明言して、効果的と考えられるフィードバックによって学習改善をうながすことを提案したい〔補注❼〕。総括的評価に組み込むのは、定期考査と単元末に課すレポートの2つに限定してもよいだろう。このうちレポートは、日々の学習の成果としてつちかわれた「知識・技能」および「思考力・判断力・表現力」が発揮されるものである。これを作成する過程で日々記述した成果物を振り返らせ、「主体的に学習に取り組む態度」を育むことにもつなげていけよう。KCJの学び自体を評価するのではなく、KCJによって実現した深い学びの成果を別の評価材料で評価するよう心がけたい。

ヒント　KCJの学びとは別の評価材料を用意する

補注

理論編①（武井）
❶ 文部科学省『高等学校学習指導要領解説 地理歴史編』、平成30年告示
❷ 指導と評価の一体化をはかるためには、生徒一人ひとりの学習の成立をうながすための評価という視点をいっそう重視し、授業者がみずからの指導のねらいに応じて授業での生徒の学びを振り返り、学習や指導の改善に生かすことが大切であるとされる（国立教育政策研究所編『「指導と評価の一体化」のための学習評価に関する参考資料 高等学校地理歴史』、2021年）。
❸ 国立教育政策研究所編『資質・能力 理論編』（国研ライブラリー）東洋館出版社、2016年、p.152。
❹ 白水始・飯窪真也・齊藤萌木「学習科学の成立、展開と次の課題——実践を支える学びの科学を模索して」（『教育心理学年報』60巻、2021年）
❺ 白水始「学びをめぐる理論的視座の転換」（秋田喜代美ほか編『学びとカリキュラム』〈岩波講座 教育 変革への展望、第5巻〉岩波書店、2017年）
❻ 白水始「評価の刷新——「前向き授業」の実現に向けて」（国立教育政策研究所編『国立教育政策研究所紀要』第146集、2017年）
❼ 三宅なほみ編『協調学習とは——対話を通して理解を深めるアクティブラーニング型授業』北大路書房、2016年、pp.4-5
❽ 白水始『対話力』東洋館出版社、2020年、pp.124-125
❾ 三宅なほみ編『協調学習とは——対話を通して理解を深めるアクティブラーニング型授業』北大路書房、2016年、pp.6-10
❿ 大島純・千代西尾祐司編『主体的・対話的で深い学びに導く 学習科学ガイドブック』北大路書房、2019年、p.29
⓫ 白水始ほか編『自治体との連携による協調学習の授業づくりプロジェクト 協調学習 授業デザイン ハンドブック 第3版——「知識構成型ジグソー法」の授業づくり』東京大学 高大接続研究開発センター 高大連携推進部門 CoREF ユニット、2019年、pp.31-36
⓬ 白水始『対話力』東洋館出版社、2020年、p.61

実践編1（山根）
❶ 柴田弘捷「越中富山の薬売り——富山の配置薬産業と「売薬さん」」（『専修大学社会科学研究所月報』No.679・680、2020年）
❷ 西川純ほか「小学校社会科における"言葉の問題"に関する研究」（『臨床教科教育学会誌』9巻2号、2009年）

実践編2（高野）
❶ 内海愛子「戦後史の中の「和解」——残された植民地支配の清算」（成田龍一・吉田裕編『記憶と認識の中のアジア・太平洋戦争』〈岩波講座 アジア・太平洋戦争 戦後編〉岩波書店、2015年）
❷ 岡裕人『忘却に抵抗するドイツ——歴史教育から「記憶の文化」へ』大月書店、2012年、pp.106-111

❸　高野晃多「「被害」と「加害」の重層性――生徒の歴史意識をいかに育むべきか」(歴史教育者協議会編『歴史地理教育』948、2022年)

❹　植民地収奪論とは、朝鮮時代後期以来の資本主義の萌芽は植民化によって挫折を余儀なくされたとする言説のこと。一方の植民地近代化論とは、1945年以降の韓国における経済成長の要件を、植民地期における開発のための近代的改革に求める言説である。日本植民地研究会編『日本植民地研究の現状と課題』アテネ社、2008年、pp.105-106

❺　李鶴来は、「自分は日本による植民地支配の「被害者」であると同時に、日本軍の一員として連合国軍捕虜にとっては「加害者」でもあった」という趣旨の発言をしている。報道特集「BC級戦犯「とかげ」と呼ばれた男」(TBS、2015年8月1日放送)

実践編3(稲垣)

❶　過去のできごとそれ自体に価値や意味があるのではなく、現代社会をより深く理解し判断するための手段として、また民主主義社会の形成に貢献するための手段として学ぶ限りにおいて、歴史の学びに価値や意味があるとする立場。渡部竜也『Doing History：歴史で私たちは何ができるか？』(歴史総合パートナーズ⑨)清水書院、2019年、pp.19-21, 65

❷　生徒の文脈に寄り添いながら、生徒が学ぶ意味や意義を感じられるような学習場面を構築すること。歴史教育の場合であれば、生徒が過去とのつながりを感じられるような学習場面の構築をめざすことになる。ただし、レリバンスを安易に「自分事」と短絡する理解は、生徒が学ぶ意義や動機を感じる限りにおいて経験や記憶の「価値」が認められるとする――他者の痛切な記憶を有用性の名のもとにジャッジする――ポピュリスティックな授業観を生み出し、コロニアルな状況下における性暴力被害者の記憶のような「社会に隠されやすい問題」をさらに閉ざされた領域へと封じ込めてしまう危険性があることを授業者は指摘した。稲垣翼「ポピュリスティックなレリバンス論に対抗する実用主義的な歴史教育の可能性――「連累」・「歴史への真摯さ」を思考概念として活用する」(京都民科歴史部会『新しい歴史学のために』303号)、2023年

❸　暴力・差別・残虐行為などの歴史遺産の継承者として自分自身を歴史的現在に位置づけ、行為主体性を獲得する思考。テッサ・スズキの議論に従えば、私たちは過去の不正によって受益した社会で生きている「事後従犯」である。だからこそ、私たちは現在も生き続ける過去の不正義を是正する責任を負っている。なぜなら、現在の世界と思想をつくった過去の憎悪や暴力の撤去を怠れば、過去の侵略的・暴力的行為によって生起した差別と排除は、現世代・次世代の人々の心のなかに生き続けることになってしまうからである。こうして、過去に連累する自己認識は、私たちが現在もなお暴力を他者に振るい続けているかもしれないという当事者性を呼びおこし、継続する不正義の構造に抗する社会的・政治的な参加を自身にうながしていく。テッサ・モーリス−スズキ『過去は死なない――メディア・記憶・歴史』岩波書店、2014年、pp.34-36。テッサ・モーリス＝スズキ『批判的想像力のために――グローバル化時代の日本』平凡社、2013年、pp.65-67

❹　藤野裕子『民衆暴力――一揆・暴動・虐殺の近代日本』中央公論社、2020年、pp.iii-iv

❺　藤野裕子『民衆暴力――一揆・暴動・虐殺の近代日本』中央公論社、2020年、pp.208-209

❻　藤野裕子『民衆暴力――一揆・暴動・虐殺の近代日本』中央公論社、2020年、p.208

❼　過去を異文化ととらえ、現代人の常識や価値観を一度捨て去って、異質な他者としての過去の人々の思考や感情を歴史的文脈に配慮しながら理解することをめざす資質・能力(渡部竜也『Doing History：歴史で私たちは何ができるか？』(歴史総合パートナーズ⑨)清水書

院、2019年、p.51)。本稿では、過去に連累することによって是正がめざされるべき不正義としての暴力と、歴史的文脈に配慮しながら理解すべき歴史的他者としての暴力を、同じ「暴力」という言葉で表現せざるをえない。連累は過去から継続する暴力に対して倫理的克服をせまり、歴史的エンパシーは過去の暴力に対する道徳的否定を抑制する。同時に相矛盾する命令下で、「私たち」はいかなる歴史主体たりうるのだろうか。授業者は、社会的劣位におかれ暴力を行使された被害者にこそ、より深い歴史的エンパシーを働かせるべきだと考える。また、「出来事の原因や行為や判断の動機がどうであったのかよりも、それらがもたらした結果がどうであるのか」を重視する渡部の見解(渡部竜也『Doing History：歴史で私たちは何ができるか？』(歴史総合パートナーズ⑨)清水書院、2019年、p.57)に賛同する。したがって本稿では、歴史的エンパシーによって「歴史的他者としての暴力」への理解を深めつつ、「私たち」が過去から継承することによって受益してきた「不正義としての暴力」を解体すべきという立場をとる。

❽ 本稿では、内閣府・中央防災会議の「災害教訓の継承に関する専門調査会」が2009年にまとめた『1923 関東大震災報告書 第2編』の第4章「混乱による被害の拡大」の第2節「殺傷事件の発生」のなかで「武器を持った多数者が非武装の少数者に暴行を加えたあげくに殺害するという虐殺という表現が妥当する例が多かった。殺傷の対象となったのは、朝鮮人が最も多かったが、中国人、内地人も少なからず被害にあった」と記述されていることに従って、このできごとを「虐殺」と表現する。

❾ テッサ・モーリス‐スズキ『過去は死なない――メディア・記憶・歴史』岩波書店、2014年、pp.36-38。テッサ・モーリス＝スズキ『批判的想像力のために――グローバル化時代の日本』平凡社、2013年、pp.98-100

❿ 藤野裕子『民衆暴力――一揆・暴動・虐殺の近代日本』中央公論社、2020年、pp.ii-iii

⓫ 投書「俺等は穢多だ」(歴史学研究会編『日本史史料4 近代』岩波書店、1997年、pp.351-352)

⓬ 投書「俺等は穢多だ」(歴史学研究会編『日本史史料4 近代』岩波書店、1997年、pp.351-352)

⓭ 金富子「関東大震災時の「レイピスト神話」と朝鮮人虐殺」(『大原社会問題研究所雑誌』669、2014年)

⓮ 藤野裕子『民衆暴力――一揆・暴動・虐殺の近代日本』中央公論社、2020年、pp.190-193

⓯ 加藤直樹『九月、東京の路上で 1923年関東大震災 ジェノサイドの残響』ころから、2014年

実践編4(大野)

❶ 山梨大学の堀哲夫が開発した自己評価の方法。生徒が1枚のシートに学習前・中・後の学習履歴を記録していき、シートに書かれた内容をもとに生徒自身が自己評価する。

❷ 本校採用の教科書『詳解歴史総合』(東京書籍)の問いをもとに単元を計画している。

❸ 文部科学省『高等学校学習指導要領解説 地理歴史編』、平成30年告示

❹ 今回は授業時間数の都合で中項目(3)「世界秩序の変容と日本」の導入で実践したが、中項目(1)「グローバル化への問い」の「人と資本の移動」で問いを表現する活動に本実践を取り入れることもできる。

❺ 数年前にジグソー活動の対話を記録して、ジグソー活動の時間の使い方を帯グラフにまとめた際に見とった「学びの事実」である。

❻ 今回は紙幅の都合で割愛するが、クロストークのファシリテーションや時間配分に改善

の余地があったことは否めないため、そこについては今後の課題としたい。

実践編 5（佐藤）
❶ 佐藤克彦「歴史教科書叙述の批判をとおした「深い理解」の実現」（『令和 3 年度 実践資料集 第 5 集』千葉県立長生高等学校、2022年）
❷ 吉村武彦・吉川真司・川尻秋生編『シリーズ古代史をひらく 国風文化 —— 貴族社会のなかの「唐」と「和」』岩波書店、2021年、pp.21-90。皆川雅樹・河添房江編『「唐物」とは何か —— 舶載品をめぐる文化形成と交流』勉勉出版、2022年、pp.4-24
❸ 西本昌弘「「唐風文化」から「国風文化」へ」（〈大津透ほか編『岩波講座 日本歴史』第 5 巻・古代 5〉岩波書店、2015年）
❹ 当時の政権に着目した「藤原文化」や「貴族文化」といった呼称もある。秋山光和「藤原文化」（〈大津透ほか編『岩波講座 日本歴史』第 4 巻・古代 4〉岩波書店、1962年）、米田雄介「貴族文化の展開」（〈歴史学研究会・日本史研究会編『講座 日本歴史 2』〉東京大学出版会、1984年）。村井康彦は「国風 —— くにぶり」には本来「和(倭)風」という意味は存在せず、国風の言葉の使い方を正すことの必要性を説く。村井康彦『文芸の創成と展開』思文閣出版、1991年、pp.3-9。また、榎本淳一は外国文化の国風化はつねにおこなわれており、国風文化が純和風の文化であるといった誤解をまねくような名称には問題が多いと指摘する。榎本淳一『唐王朝と古代日本』吉川弘文館、2008年、pp.260-283。西本昌弘は、戦後に定着した国風文化という歴史用語から解き放たれてもよい頃であるとして、「年号を冠した文化呼称」を案出する必要性を説く 。西本昌弘「「唐風文化」から「国風文化」へ」（〈大津透ほか編『岩波講座 日本歴史』第 5 巻・古代 5〉岩波書店、2015年）。このような動きがある一方で、吉川真司は、唐風全盛の前時代を前提に、「唐」「和」がそれぞれの役割をもって並立したという新しい理解を盛り込んで「国風文化」の語を積極的に使うことを提起する 。吉村武彦・吉川真司・川尻秋生編『シリーズ古代史をひらく 国風文化 —— 貴族社会のなかの「唐」と「和」』岩波書店、2021年、pp.1-19
❺ 河添房江「「国風文化」という幻想 —— 最近の教科書の記述から」（歴史科学協議会編『歴史評論』841、2020年）、皆川雅樹「遣唐使派遣と「国風文化」—— 歴史的思考力の育成とアクティブラーニング型を意識した授業実践」（歴史教育者協議会編『歴史地理教育』833、2015年）
❻ 佐藤信ほか編『日本史探究 詳説日本史』（日探705）山川出版社、p.65
❼ 河添房江「「国風文化」という幻想 —— 最近の教科書の記述から」（歴史科学協議会編『歴史評論』841、2020年）
❽ 東京学芸大学 教育学部（初等教育教員養成課程〔A 類〕社会選修、初等教育教員養成課程〔A 類〕環境教育選修、中等教育教員養成課程〔B 類〕社会専攻）2019年度一般選抜〔前期日程〕「地歴公民科 日本史」大問 2
❾ 村井章介「中世史における「アジア」」（第50回中世史サマーセミナー実行委員会編『日本中世史研究の歩み』岩田書院、2013年）

実践編 6（杉本）
❶ テッサ・モーリス＝スズキ『過去は死なない —— メディア・記憶・歴史』岩波書店、2014年。なお、あくまで史実の提示には限界があるに過ぎない。史実の提示が無意味だと述べたいわけではない。小野寺拓也が下記ブログで述べるように、態度を決めかねている人々に対してはとくに重要である。小野寺拓也『『ナチスは「良いこと」もしたのか？』をめぐる雑感

①」、2023年7月10日 https://takuya1975.doorblog.jp/archives/23714333.html（最終閲覧日2024年5月31日）

❷ 小山幸伸「歴史研究と歴史教育の連関——「鎖国」研究の動向と学習指導要領、教科書記述の変遷」（敬愛大学経済学会『敬愛大学研究論集』98、2020年）

❸ 土屋武志「世界との関わりを重視した社会科歴史授業の開発——中学校歴史的分野の単元「鎖国」の場合」（全国社会科教育学会『社会科研究』41、1993年）

❹ 堀哲夫『新訂 一枚ポートフォリオ評価OPPA 一枚の用紙の可能性』東洋館出版社、2019年

❺ 和辻哲郎『鎖国 日本の悲劇』筑摩書房、1964年

❻ （　）内は、筆者が補った。

実践編7（武井）

❶ Googleフォームを1つだけ作成し、すべての単元内のメイン課題の考察を書き込める項目を用意する。「回答の編集を許可する」にチェックをつけ、生徒にGmailアドレスを入力させる。この設定によって、生徒が授業のたびにメイン課題の考察を書いて「回答を送信」するとそのたびに回答がGmailに届き、「回答を編集する」ボタンを押すことで同じGoogleフォームの本時の項目に加筆することができる。この工夫によって、生徒のGmailに届く回答はポートフォリオとして機能し、生徒はそれをみることで単元内での自分の考察を一望することができる。教師も毎時間生徒の考察を読み、形成的評価できる。

❷ 羽田正『新しい世界史へ——地球市民のための構想』岩波書店、2011年

❸ 益川弘如「知識構成型ジグソー法」（安永悟・関田一彦・水野正朗編著『アクティブラーニングの技法・授業デザイン』東信堂、2016年）

❹ 「中国は数千年の歴史の中で老子や孔子、荘子などの思想家を生み、製紙法や火薬、印刷術、羅針盤を発明、万里の長城や故宮、ポタラ宮などを建設した」（『日本経済新聞』2018年3月20日）。

実践編8（佐伯）

❶ 羽田正『〈イスラーム世界〉とは何か「新しい世界史」を描く』講談社、2021年、p.321。このような認識について羽田正は、19世紀ヨーロッパの進歩的知識人とイスラーム主義者それぞれの言説に「共犯関係」があると指摘する。

❷ ここでは、渡部竜也・井手口泰典『社会科授業づくりの理論と方法 本質的な問いを生かした科学的探求学習』明治図書出版、2020年、pp.134-を参照し、「主権者として、市民として、私たちが社会で生きていくうえで考えなければならない問い」を「本質的な問い」と定義して、単元末に考えさせる本質的な問いの「後付け設計」を採用した。また、各時でつかんでほしい歴史的概念にせまるような問いは、メイン・クエスチョンとし、これと区別している。

❸ 山本直輝『スーフィズムとは何か イスラーム神秘主義の修行道』集英社、2023年

実践編10（奥村）

❶ 世界史Bを平成30年告示の学習指導要領にもとづいて授業をおこなった。

❷ 小田中直樹・帆刈浩之編『世界史／いま、ここから』山川出版社、2017年、p.320。

❸ 岡本隆司「アジア史から見る「国際平和」」、岡本隆司・飯田洋介・後藤春美編『国際平和を歴史的に考える』山川出版社、2022年、p.25。岡本隆司はほかにも実際は近代ヨーロッ

パでできた「普遍的価値」の例として、法律、政治、国際法、宗教などをあげている。

❹　前川一郎編『歴史学入門 だれにでも ひらかれた14講』昭和堂、2023年、p.15

❺　岡本隆司「アジア史から見る「国際平和」」、岡本隆司・飯田洋介・後藤春美編『国際平和を歴史的に考える』山川出版社、2022年、pp.20-21, 31

❻　後藤春美「世界大戦による国際秩序の変容と残存する帝国支配」(『二つの大戦と帝国主義 I 』〈岩波講座世界歴史20〉岩波書店、2022年)

❼　田中比呂志・飯島渉編『中国近現代史研究のスタンダード 卒業論文を書く』研文出版、2005年、pp.46-47

理論編②（小原）

❶　白水始ほか編『自治体との連携による協調学習の授業づくりプロジェクト 協調学習 授業デザイン ハンドブック 第 3 版──「知識構成型ジグソー法」の授業づくり』東京大学 高大接続研究開発センター 高大連携推進部門 CoREFユニット、2019年。その他CoREF教材も同様である。

❷　その他には、人物の評価や政治と文化が融合したテーマ、地域史、地域区分を問うものを分類した。

❸　池田良「中学校歴史学習における批判的思考力の育成──歴史的政策評価批判学習としての単元「人々が見た明治維新」の開発と実践」(鳴門社会科教育学会編『社会認識教育学研究』第30号、2015年)

❹　河合祥太郎・柴崎直人「小学校社会科歴史分野における児童の批判的思考力の育成──相互のかかわりから自らの意見を深める授業を通して」(『岐阜大学教育学部研究報告』第69巻、2020年)

理論編③（武井）

❶　高大連携歴史教育研究会「教材共有サイト2.0」で閲覧可能。

❷　たとえば渡部竜也『Doing History：歴史で私たちは何ができるか？』(歴史総合パートナーズ⑨)清水書院、2019年、豊嶌啓司・柴田康弘「社会科パフォーマンス課題における真正性の類型化と段階性の実践的検証」(日本社会科教育学会編『社会科教育研究』135、2018 年)など社会科教育学の知見を参照したい。

❸　武井寛太「概念的理解の習得をめざす知識構成型ジグソー法──構成主義と「指導と評価の一体化」」(『山川歴史PRESS』12、山川出版社、2023年)

❹　佐伯佳祐「「大衆化」とは何か？ そう呼ばれた時代、世界と「私たち」の距離感はどのように変化したのだろうか？」(山川＆二宮ICTライブラリ)

❺　武井寛太「なぜ、女性たちは国防婦人会に参加して、太平洋戦争に加担したのか。また、大衆化の歴史における課題は、現代においてどの程度克服されたといえるか」(山川＆二宮ICTライブラリ)

❻　佐藤克彦「高度経済成長は私たちに何をもたらしたのか」(山川＆二宮ICTライブラリ)

❼　授業冒頭で前時の成果物を 1 つとり上げ、学習の目標に照らして、どこがよくできており、どこが改善を要するかをできるだけ具体的に示している。また確認できた誤解やつまずきもあわせてとり上げて改善点を具体的に示している。鈴木秀幸『これだけはおさえたい学習評価入門』図書文化社、2021年

おわりに

　私が知識構成型ジグソー法に出あってから10年以上が経ちました。「主体的・対話的で深い学び」や「指導と評価の一体化」を実現するうえで大いに参考になる授業手法だと思い、これまで様々な研究会で発信してまいりました。しだいに同じ手法を用いて授業改善をおこなう教師のネットワークができあがり、こうして1冊の本にまとめることができたのはとても感慨深いことです。研究会で発信するなかで、知識構成型ジグソー法は方法論だけが独り歩きしていると感じることが多々あり、その本質的な考え方は十分に広まっていないという問題意識を抱いていましたから、本書を通じて学習科学の考え方を理解していただけたなら、編者としてこの上ないよろこびです。さらに学びを深めたい方は、本書の執筆者が頼りにしてきた、三宅なほみや白水始の著作を読まれることをお勧めします。

　本書の中核をなす実践編は、とくに「Plan」に執筆者の熱い思いがこもっています。これからの歴史授業は、たんに歴史用語を覚えさせたり対話をさせたりすることを目的とするのではなく、「公民としての資質・能力」の育成をめざすものでなければなりません。実践編の執筆者はみな、真摯に市民性とは何かを考えながら、現代的な諸課題に向きあう授業を日々実践しています。ここに一書をなすにあたり、執筆者には無理なお願いをすることも多々ありましたが、この執筆者のおかげで、多面的・多角的な考察や深い理解につながる実践事例をバリエーション豊かに示すことができ、所記の目標は達成することができたと自負しています。ご執筆いただいた先生方には、この場を借りて深く感謝申し上げます。

　これからの歴史授業では、生徒だけでなく教師も現代的な諸課題に向きあい、その解決と展望を考察することが求められていると思います。本書において、ジェンダー差別、外国人差別、歴史修正主義、民主主義の危機などの問題を積極的に取り上げたのはそのためです。私たちは、これらの諸課題を解決する「正解」をもちあわせてはいません。だからこそ、知識を獲得し、他者との対話のなかで理解を深めていくことが大切なのだと思います。なぜなら、私たち教師の学びもまた、「構成的」なものなのですから。

武井寛太

武井 寛太　たけい かんた

1991年生まれ
早稲田大学文学部卒業
現在、埼玉県立与野高等学校教諭
おもな著作物は、「学習科学の知見を踏まえた単元構成——「国際秩序の変化や大
衆化と私たち」」(島村圭一・永松靖典編『問いでつくる歴史総合・日本史探究・世
界史探究——歴史的思考力を鍛える授業実践』、東京法令出版、2021)、「[地歴・
高校]学びの事実からはじめる知識構成型ジグソー法のアレンジ」(白水始・飯窪
真也・齊藤萌木・三宅なほみ執筆・編集「自治体との連携による協調学習の授業
づくりプロジェクト 協調が生む学びの多様性 第12集——一人ひとりの語りで描
く学びの軌跡と未来」、2022)、『現代の歴史総合』授業用スライド」(共著、『現
代の歴史総合』教師用指導書「授業実践編」付属データ収録、山川出版社、2022)、
「『詳説世界史』授業用スライド」(共著、『詳説世界史』教師用指導書「授業実践編」
付属データ収録、山川出版社、2023)、「概念的理解の習得をめざす知識構成型
ジグソー法——構成主義と「指導と評価の一体化」」(『山川歴史PRESS』12、山川
出版社、2023)など。

執筆者(50音順)

稲垣翼(神奈川県立厚木清南高等学校〔定時制〕教諭)

大野直知(東京学芸大学附属高等学校教諭)

奥村広太(茨城高等学校・中学校教諭)

小原千裕(埼玉県立草加西高等学校教諭)

佐伯佳祐(広島市立舟入高等学校教諭)

佐藤克彦(千葉県立津田沼高等学校教諭)

杉本祐輝(埼玉県立深谷高等学校教諭)

髙野晃多(佼成学園女子中学高等学校教諭)

松木美加(神奈川県立横須賀大津高等学校教諭)

山根友樹(湘南学園中学校高等学校教諭)

歴史総合・日本史探究・世界史探究の授業を実践するためのヒント
ジグソー法による指導と評価の一体化

2024年7月10日　印刷
2024年7月15日　発行

編著者　　武井寛太
発行者　　野澤武史
印刷所　　株式会社 太平印刷社
製本所　　株式会社 ブロケード
発行所　　株式会社 山川出版社
　　　　　〒101-0047 東京都千代田区内神田 1-13-13
　　　　　電話 03-3293-8131(代表)
　　　　　https://www.yamakawa.co.jp/
装　幀　　長田年伸

ISBN 978-4-634-59233-9
●造本には十分注意しておりますが、万一、落丁・乱丁などがございましたら、小社営業部宛にお送りください。
　送料小社負担にてお取り替えいたします。
●定価はカバーに表示してあります。